Editorial Ledoria

Desaforado amor por la palabra

CUATRO CALLES

Revista toledana de cultura para nuevos tiempos

Nº 31. CUARTO TRIMESTRE DE 2024

DIRECTOR Jesús Muñoz Romero
COLABORADORES
Alejandro Vega
Ángel del Cerro
Hilario Rodríguez de Gracia
Mariano Martín Rodríguez
Miguel Ángel Cánovas
Miguel Larriba
Paco Maeso
Santiago Sastre
Ventura Leblic

Ilustración de portada: *Torre mudéjar*, de Ángel Pantoja
Ilustración de contraportada: *Un hombre contempla serenamente los alrededores de Toledo desde una torre de la catedral* (2024), de I.A. Salustanquidio Orox

Diseño y maquetación:
Equipo de editorial Ledoria

I.S.B.N.: 978-84-19887-46-7
Depósito Legal: TO-327-2024

© De la edición: Editorial LEDORIA
* C/ Fuente del Moro, n. 6, Toledo
* C/ Conde de Casal, núm. 47
Las Ventas con Peña Aguilera (Toledo)
Teléfono: 925 25 13 81
Correo electrónico de contacto:
info@editorial-ledoria.com

Publicidad:
admin@editorial-ledoria.com
www.editorial-ledoria.com

SUMARIO

Diciembre 2024

«A vos digo, señor Tajo,
el de las ninfas y ninfos,
boquirrubio toledano,
gran regador de membrillos;
a vos, el vanaglorioso
por el extraño artificio
en España más sonado
que nariz con romadizo;
famoso entre los poetas,
tan leído como el Christus,
y de todos celebrado
como el día del domingo».

Luis de Góngora
A vos digo, señor Tajo (1591)

Las cenizas de dos reyes

JESÚS MUÑOZ ROMERO

Ataúlfo, Sigerico, Walia Recesvinto, Wamba... Witiza y Roderico. Durante mucho tiempo, el término visigodo ha sido relacionado con una lista de treinta y tres reyes que los estudiantes tenían que memorizar, pero nada más. Ahora ni eso, a lo sumo, el término Guarrazar sonará a los estudiantes toledanos, o debería.

Sin embargo, recientemente, los toledanos hemos conocido por la prensa la iniciativa de dos prohombres, uno dícese historiador, Jorge Miranda, y el otro es conocido porque fue alcalde, Joaquín Sánchez Garrido, de emerger un caso abierto desde el siglo XIX, concerniente al entierro de los restos de dos reyes visigodos, Recesvinto y Wamba, depositados en la catedral.

Sin ánimo de ser exhaustivo, la cronología inversa de esta cuestión puede resumirse como sigue.

El 13 de marzo de este año, el dicho historiador (yo conozco como suyas *El amanecer de un siglo. Toledo 1900* y *La prensa en la Guerra Civil. Toledo 1936-1939*), y el dicho exalcalde (fue autoridad en dos períodos: 1983-1987 y 1991-1995) convocaron una rueda de prensa para exponer la existencia de una urna cineraria en la catedral con los restos de los reyes *supra scriptos*. Dicho lo cual, pedían la realización de un entierro digno, creo yo que una suerte de funeral de Estado, dado que éste conllevaría la presencia de las más altas autoridades y la realización de un monumento funerario. Previamente a su comparecencia habían enviado unas cartas petitorias a la Casa Real, a la Delegación del Gobierno en Castilla-La Mancha, al Ministerio de Cultura, al Cabildo Catedralicio, a la Junta de Comunidades y a la Alcaldía de la ciudad, que, al parecer, no habían demostrado mucho fervor en el despacho de esta iniciativa, razón por la cual com-

parecían y anunciaban su intención de elevar la petición a la Comunidad Europea si, «*en un tiempo prudencial*», no tenían contestación de las instituciones. Qué será un tiempo razonable para estos prohombres y para las instituciones no queda claro.

El 27 de noviembre de 2017, los restos de ambos reyes, depositados en la Sacristía de la Catedral, fueron trasladados en solemne procesión a la capilla Mozárabe, donde ahora se hallan, y celebrose una misa en rito hispano-mozárabe para su eterno descanso, que se repite año a año desde entonces cada septiembre.

En 2014, el pueblo burgalés de Pampliega reclamó los restos del rey Wamba y llevó el asunto a los tribunales argumentando que el rey se retiró por voluntad propia a esta localidad, donde murió, por lo que su deseo debía de ser reposar allí. Ítem más, proponían celebrar «*un enterramiento digno porque* (sus restos) *fueron llevados sin honores a la catedral y ahora están en una cajita en un nicho en lo alto de una pa-*

En 1845 se encontró, entre las ruinas del convento de los Padres Capuchinos, la iglesia de Santa Leocadia.

red». No obstante, el fallo judicial dictaminó que sus restos habían de seguir en Toledo.

Yo, por mi parte, ni quito ni pongo rey, ante este *totum revolutum*, me limitaré a hacer una exposición de cómo se encontraron estos restos. Bueno, sí, haré un comentario final. Oh, lector, si quieres conocerlo sin conocer la exposición, sáltate esta y ve a las líneas finales, pero lo más interesante creo que es justo esto que viene a continuación.

Con motivo de la reestructuración del espacio que rodeaba el Alcázar para levantar un nuevo cuartel militar, en 1845 se encontró, entre las ruinas del convento de los Padres Capuchinos, destruido por las tropas francesas durante la ocupación, la iglesia de Santa Leocadia.

Pues bien, al desescombrar el recinto encontraron también la cueva donde estuvo presa la virgen mártir toledana a principios del siglo IV. Y en ella, unos fragmentos de dos lápidas de mármol gris con inscripciones latinas.

Al parecer, estas lápidas se colocaron aquí por iniciativa del cardenal Lorenzana cuando reedificó el Alcázar, arruinado a causa de un incendio, para establecer en él una fábrica de seda.

En la primera podía leerse: ...VS REX WAMBA/ ...LXXX/...HUNC.../ ...EGYONIS, que hacía referencia al epitafio del rey Wamba.

Conocemos el epitafio al completo gracias a transcripción que hizo Antonio Ponz en su *Viaje de España* (1787). Decía así:

Hic tumulatus iacet inclitvs rex Wamba/ Regnum contemptit anno DCLXXX/ Monachus obiit anno DCLXXXIIIIIIII/ A coenobio translatus in hunc locum/ Ab Alphonso X Legyonis Castellae autem IV rege.

(Aquí yace sepultado el ínclito rey Wamba. Renunció al reino el año 680 y murió siendo monje en el de 687. Su cuerpo fue trasladado a este lugar desde el convento por el rey Alfonso X de León y cuarto de Castilla).

En la segunda, la inscripción rezaba, según Juan Pedro Criado (*A orillas del Tajo*, p. 155): *Hic jacet tumulatus Rex Recesvintus/ obiit anno DCLXXII (Aquí yace en su túmulo el rey Recesvinto. Falleció año de 672).*

Y bajo ellas, las urnas con las cenizas de ambos reyes: Reces-

A la izquierda, el antiguo convento de Capuchinos, junto al torreón sudeste del Alcázar (Foto *Toledo Olvidado*).

vinto (653-672) y Wamba (672-680).

Confirma este hecho el *Cronicón* de Liutpandro, que recoge el conde de Mora (*Historia de la Imperial, nobilísima...*, parte II, libro III, fol. 433, Madrid, 1663), al decir que el año 672, «*a primero de septiembre, murió en Toledo el emperador Flavio Recesvinto. Fue sepultado en la iglesia de Santa Leocadia, adonde la Bienaventurada Virgen y Mártir se dice estar aprisionada*».

Por su parte, Wamba murió, como ya sabemos, en el monasterio de Pampliega, si bien sus ce-

nizas fueron trasladadas a Toledo por Alfonso X el 13 de abril de 1274 para que reposaran junto a las de su predecesor en el templo edificado por Sisebuto sobre el lugar en que había recibido martirio la santa.

Por la *Descripción y Historia de Toledo* del doctor Pisa (parte 1ª, libro II, cap. XXV) sabemos que Felipe II visitó en 1575 la iglesia y «*halló a los dos lados del altar sepultados dos cuerpos de Reyes godos; a la parte de la epístola el del Rey Wamba y a la del Evangelio el de Recesvinto (...), cuyas sepulturas mandó abrir el dicho Rey D. Philipe en su pre-*

sencia y se hallaron los dos cuerpos en sus ataúdes de madera sin título alguno: el del Rey Wamba envuelto en un paño de seda colorada con una almohada debajo de la cabeza, y otra a los pies, con dos pedazos rotos de capilla y escapulario monacal, de que se tomó conjetura ser del dicho Rey, por haber sido monje».

Ese mismo año, Felipe II ordenó poner lápidas conmemorativas en honor de Wamba en todos los puentes y puertas de Toledo.

El pequeño templo construido por Sisebuto en honor de Santa Leocadia fue reconstruido por Alfonso X y en el siglo XVII se anexó el convento de monjes capuchinos. Durante la guerra de la Independencia, como hemos visto, todo el recinto fue destruido. La desamortización terminó por arruinarlo, hasta que se decidió habilitarlo para construir un cuartel.

«En el costado izquierdo del altar hallóse la inscripción del sepulcro de Wamba en letras negras. En el de la derecha, la del sepulcro de Recesvinto».

En 1845 la Comisión Provincial de Monumentos trató de exhumar los restos para darles sepultura. Se procedió entonces al desescombro para hallar la entrada a la cripta, y el día 14 de febrero, en presencia del Delegado del Gobierno de la época, del teniente vicario del arzobispado, del comandante general de la provincia y de otras autoridades, *«reconoció por todos aquel obscuro suterráneo, que era como una sala rectangular abovedada, de escasas dimensiones, a cuya frente había un altar de mampostería, sobre el cual, en un nicho abierto en el muro, veíase una estatua de piedra de Santa Leocadia. En el costado izquierdo del altar (...) hallóse la inscripción del sepulcro de Wamba en letras negras, pintadas sobre la capa de yeso que cubría las paredes y perfectamente conservadas; en el de la derecha (...), la del sepulcro de Recesvinto, no menos inteligible, y entre la primera y la jamba de la puerta de entrada esta otra: 'Hic orat Leocadia diris onusta catenis/ digitoque signat hoc in lapide crucem' (Aquí hace oración Leocadia cargada de férreas cadenas, y traza con el dedo la señal de la cruz en esta piedra)».*

Sin necesidad de gran esfuerzo fueron descubiertas las urnas ci-

Arqueta que contiene los restos de Recesvinto y Wamba.

nerarias, que eran de piedra calcárea y estaban hechas pedazos, encontrándose en la de Wamba una pequeña porción de tierra de color negruzco, mezclada con algunas partículas óseas y un cilindro o tubo de hoja de lata que guardaba en su interior huesos de mayor tamaño, varios fragmentos de una tela que se desmoronaba al tocarla— el hábito monacal acaso— y un papel sumamente deteriorado y polvoriento adherido en parte a las paredes de aquel extraño recipiente. En la del hijo de Chindavisto hallose una vasija de barro cocido de muy tosca labor, cubierta con una tapa cuyas junturas se habían cogido con yeso para ma-

yor seguridad, y dentro de la vasija el cráneo, o parte de él, las dos tibias, algunos otros huesos más menudos y dos fragmentos de cuero de la vaina de una espada, al parecer (Criado, pp. 160-1).

Ya no existían, pues, los ataúdes de madera que había visto Felipe II en 1575, de manera que las urnas encontradas en el XIX debían de ser los restos recogidos por los padres capuchinos después de la profanación de las tumbas por parte de las hordas francesas, como, por otra parte, confirma Sixto Ramón Parro en su *Toledo en la mano*.

Sea como fuere, los restos encontrados por la Comisión de Mo-

Capilla mozárabe, donde reposan los restos de Recesvinto y Wamba.

numentos se guardaron en una caja «lacrada y sellada», entregaron la llave a la autoridad eclesiástica y los trasladaron a la residencia del Delegado del Gobierno en el antiguo convento de los jesuitas (actual Hacienda).

Allí estuvieron custodiados unos días hasta que se hizo una urna de madera y zinc, forrada de terciopelo morado y galoneada de oro, con dos compartimentos y dos llaves para que sirvieran de habitáculo a los malhadados restos.

Entonces, se levantó acta de exhumación y, ante una gran multitud, fueron trasladados solemnemente a la catedral el domingo 23 de febrero a las tres de la tarde.

La procesión guardó el siguiente orden: Cinco batidores a caballo, los pobres del asilo de San Sebastián, cruces parroquiales, cofradías del Santísimo Sacramento, clero parroquial y beneficial, féretro, comisiones de todas las corporaciones eclesiásticas, militares y civiles, empleados de dependencias del Estado, personas distinguidas de la ciudad, el delegado del gobierno, el vicario general, el primer teniente de alcalde, el batallón provincial de Tarragona (con bandera y música), el piquete de caballería del ejército y el piquete de caballería de la Guardia Civil (¡ay!).

El féretro consistió en la mencionada urna cineraria sobre un demostratorio que servía de base, forrado de damasco color violeta con remates de plata y cubierto con un paño de terciopelo carmesí, exornado con franjas, fleco y borlas de oro.

El demostratorio y el féretro fueron transportados a hombros por José Amador de los Ríos, Sixto

El demostratorio y el féretro fueron transportados a hombros por José Amador de los Ríos, Sixto Ramón Parro, Manuel María Herreros y Miguel San Román.

Ramón Parro, Manuel María Herreros y Miguel San Román. Sostenían las borlas el comandante general de la provincia, el brigadier de ingenieros, el coronel del batallón provincial de Tarragona y un coronel de artillería retirado. A ambos lados caminaban doce eclesiásticos con hachas encendidas.

La comitiva siguió este itinerario: calle Jardines (actual Alfonso X el Sabio), plaza de San Vicente, Plata, cuesta de Belén (actual Toledo de Ohio), Ancha, Cuatro Calles, Hombre de Palo, Arco de Palacio y Catedral.

En el atrio de la puerta del Perdón, la principal del templo toledano, esperaba el Cabildo, que recibió una de las llaves de la urna y se comprometió a conservar los restos. Acto seguido fue colocada la sobre un catafalco y entraron todos hasta el crucero para continuar la ceremonia. Terminada que fue, se depositó provisionalmente en el Sagrario, en tanto se erigía un mausoleo.

Se erigía, se erigía, que no se erigió. Como sucede siempre, dice Criado, «*apelóse a los gastados resortes de nuestra máquina administrativa, que todo lo compone con expedientes, comisiones, informes, etc., y los restos mortales de dos soberanos españoles se hallan aguardando aún*».

Y así llegamos a este punto, en que Pampliega reclama la mitad, ¿por un afán de cultura o de justicia? No, por un afán turístico. Y a que los dos prohombres toledanos reclamen un entierro más que digno, lleno de boato y circunstancia. ¿Por qué? Porque, señalan, estos reyes unificaron bajo su vara a toda la Península, porque se puede apelar a la Ley de la Memoria Histórica y reparar una injusticia. Porque, porque, porque no se puede mirar a la Historia con los ojos del presente, ni juzgarla, porque entonces la tergiversamos.

¿Es o no oportuno, entonces, levantar este asunto ahora? No lo sé, a mí me parece una tontuna histórica, porque creo que la capilla Mozárabe de la catedral ya es un lugar muy digno para que los restos de estos dos reyes reposen dignamente. Dicho sea con benevolencia.

El trágico incendio de la iglesia de Mora durante el conflicto de las Comunidades

HILARIO RODRÍGUEZ DE GRACIA

Hay acontecimientos que tardan mucho tiempo en olvidarse, sobre todo cuando los hechos afectan a un amplio número de paisanos y su desarrollo tiene en un espacio circunscrito. Tal es así que la memoria colectiva, junto con la remembranza compartida y transmitida, permaneció tan viva que un episodio luctuoso es recordado con mucha fuerza todavía siglos después. En esa línea de evocación hay que situar el incendio de la iglesia de Mora, accidente acaecido durante el conflicto de las Comunidades de Castilla. Un episodio que hay que enmarcar dentro de guerra civil que enfrentó a realistas y comuneros entre los años 1520-1522. Acontecimiento considerado por los historiadores como una revolución, un levantamiento armado contra la monarquía («alteraciones», según los documentos), cuyo final se produce con la derrota del bando rebelde en Villalar, si bien la resistencia toledana va a prolongarse hasta la salida de María de Pacheco a su destierro portugués el año 1522.

Al pasar revista a las causas de aquel proceso, una de las más extendidas es que los seguidores de la Comunidad pretenden transformar el orden político. Presentan el alzamiento como un servicio al rey, sin rehuir la legitimación que otorgaba la Corona bajo la propuesta de un cambio del sistema dentro del sistema con la llamada Ley Perpetua de 1520. El rey no aceptó la imposición de establecer una monarquía —la primera constitucional— con límites, ni menos aún establecer la total independencia de las Cortes como asamblea representastiva de estamentos. Era algo inasumible por una monarquía absoluta. Lo cierto es que tales «alteraciones» dejaron múltiples consecuencias, unas direc-

·CAROLVS·IMPERAToR·
·QVINTVS·

tas y otras colaterales, aparte de numerosos episodios traumáticos.

Las causas

Sobre el tema comunero hay una amplísima bibliografía, con variadas apreciaciones e hipótesis. De entre los causantes existe una coincidencia generalizada: la herencia que recibe un monarca joven, educado en el extranjero y proclamándose rey en vida de su madre. Vino con un séquito de borgoñones y flamencos, que caían mal a los españoles debido a su codicia por los cargos, prebendas eclesiásticas y su desmedido interés por controlar el Estado y esquilmarlo. La muerte de Maximiliano de Austria, en 1519, sería otro consecuente. Además del deseo de Carlos de ir a Alemania para hacerse con la corona imperial. Un nombramiento que lleva a establecer unas exigencias fiscales que arruinan a Castilla y que, mediante préstamos de los banqueros europeos, se utilizan para comprar el voto de los siete electores. La situación que viven los estados alemanes es complicada: Lutero cuelga sus tesis el año 1517; es excomulgado en 1520 y la dieta de Worm no desenquista el problema protestante. Frente a tales causas hay que situar algunas sinrazones. La reina Juana está cautiva y es sustituida por tres gobernadores nombrados por el hijo, mientras las Cortes son convocadas de forma anormal y contraviniendo la costumbre castellana.

Un momento relevante del proceso es la muerte de Isabel en noviembre de 1504. Su marido, Fernando, no puede gobernar nada más que en Aragón y Juana, su hija, no está capacitada para asumir tales tareas. El rey católico fallecía en septiembre de 1516, abriéndose un periodo de incógnitas en Castilla. La oligarquía y la gente del común asume que apartar a Juana de las cuestiones de la gobernanza no es la

Carlos está en los Países Bajos y desembarca en Tazones el 18 de septiembre de 1517. A partir del arribo, tres flamencos van a controlar todos los resortes de gobierno.

mejor decisión, menos aún encerrarla en el convento de las clarisas de Tordesillas. Ante tal incapacidad, el Estado queda en manos de dos regentes: el cardenal Francisco Jiménez de Cisneros y Adriano de Utrech, deán de la catedral de Lovaina. Carlos está en los Países Bajos y desembarca en Tazones el 18 de septiembre de 1517. Cisneros muere en Valladolid cuando va a recibirle. A partir del arribo, tres flamencos van a controlar todos los resortes de gobierno: el señor de Chrièves, el canciller Sauvage y Mercurino de Gattinara. Al grupo de advenedizos se unen los que buscan prebendas eclesiásticas: Adriano de Utrecht es nombrado obispo de Tortosa, Ludovico de Marlianoe accede al de Tuy y el sobrino de Chièvres, Guillaume de Croy, ocupa el arzobispado de Toledo.

Las Cortes de Valladolid del año 1518 son la primera toma de contacto del rey con sus súbditos. Aquí hace una petición el procurador de Segovia: Carlos debe respetar las leyes de Castilla y prescindir de los extranjeros. Acepta y las ciudades le conceden un servicio de 600.000 ducados y Aragón hace lo propio. El rey acude a Barcelona en 1519, donde recibe la noticia de casi su segura elección para el Sacro Imperio Romano Germánico. El viaje requiere dinero y Carlos intenta conseguirlo con nuevas cortes en Santiago por marzo de 1520. El descontento de las ciudades es tan generalizado que seis, de las dieciocho, votan negativamente el subsidio y diez se abstienen. El rey maniobra con rapidez y compra a los procuradores para conseguir los fondos. Al frente de los órganos de poder sitúa al almirante Fadrique Enríquez, al condestable de Castilla Íñigo de Velasco y a Adriano de Utrecht.

El levantamiento

Guillermo de Croy, en septiembre de 1518, es nombrado administrador del arzobispado de Toledo, una elección que produce un gran malestar. El Cabildo catedralicio rechaza la bula de designación. El pueblo, como repulsa, aparece congregado frente al templo. Es una multitud encabezada por Hernando de Silva y Pedro López de Padilla. Por decisión real también es elegido obrero catedralicio Fernando de Fonseca, una intromisión frente a los canónigos a la cual se aúna la concesión papal al rey de la décima parte de los frutos eclesiásticos. Pedro del Campo, obispo de Útica, contrariado por tales medidas, muestra su proclividad al movimiento revolucionario.

Fernando Martínez Gil afirma que las Comunidades fueron una conmoción general que, aunque de forma discontinua, geográfica y cronológicamente variable, afectó por igual a los ámbitos ur-

Guillermo de Croy es nombrado administrador del arzobispado de Toledo. El Cabildo catedralicio rechaza la bula de designación. El pueblo, como repulsa, aparece congregado frente al templo.

banos y rurales, cada uno sujeto a sus propias especificidades e intereses. La insatisfacción encuentra su caldo de cultivo entre la clase acomodada toledana constituida por mercaderes y financieros que aspiran a conseguir un título de nobles. La decepción se extiende también por el amplio abanico gremial. Por el contrario, los títulos de nobleza apoyan la facción real: el conde de Fuensalida, marqués de Villena y duque de Escalona, duque de Maqueda, conde de Cifuentes, mariscal de Castilla, conde de Orgaz, marqués de Montemayor, etc. Al cuadro social hay que añadir la nobleza intermedia que ocupa las regidurías en Toledo y otros oficios de prestigio en el Ayuntamiento gracias a los Reyes Católicos, cuyas aspiraciones son coartadas por el nuevo monarca. Resentidos se integran a las filas comuneras, como Pedro Laso de la Vega, Hernando de Ávalos, Juan de Padilla, Pedro de Ayala, Juan Carrillo, Juan y Gonzalo Gaitán, etc.

Para acudir a las Cortes, febrero de 1520, son elegidos Pedro Laso de la Vega y Alonso Suárez de Toledo, ambos regidores, más dos jurados Miguel de Hita y Alonso Ortiz. Antonio de Córdoba, entonces corregidor, cambia la reglas y designa en su lugar a Juan

Los levantiscos toledanos envían al rey una carta en el mes de abril de 1520. Anuncian que sus procuradores no acudirán a las Cortes.

de Ribera y Alonso de Aguirre. Ese nombramiento lleva a una popular negativa para que no acudan. La masa popular es enardecida por canónigos, curas y frailes, entre ellos el maestrescuela Francisco Álvarez Zapata. Ante el cariz que toma el movimiento, Córdoba solicita ayuda a los regentes para desbaratar el conato de alteración.

La primera agitación callejera se produce en la procesión de la Virgen de la Candelaria, en febrero de 1520. El regidor Hernando de Silva pide su ayuda para el rey en la misa, algo que es interpretado como un desafío, mucho más cuando sus partidarios esperan fuera del templo y cuenta con el apoyo de la gente del corregidor. Los comuneros contraatacan e impiden la salida de la procesión, ante lo cual el corregidor ordena la retirada de su gente. Esa resolución es vista como una victoria popular.

> **Salamanca, Segovia, Toro, Ávila, Madrid, Burgos y Toledo constituyen la Santa Junta de Ávila el 14 de junio de 1520. Es una asamblea revolucionaria.**

Los levantiscos toledanos envían al rey una carta en el mes de abril del 1520. Anuncían que sus procuradores no acudirían a las Cortes. La razón esgrimida es que el corregidor Antonio de Córdoba tiene recluido a Juan de Padilla y Laso de la Vega en la capilla de San Blas. La presión ejercida por cientos de personas, capitaneadas por Juan Gaitán, hace que sean liberados. Para ponerse a resguardo de los acontecimientos y defender el edificio real, Juan de Rivera, marqués de Montemayor opta por encerrarse en el Alcázar. Quiere evitar que los «revolucionarios» lo tomen. De forma paralela, las gentes del común deciden elegir diputados en cada una de las veintiuna parroquias con el fin de consolidar la Comunidad.

Será el 20 de abril cuando pongan en marcha una operación de presión sobre el bando realista encerrado en el Alcázar con la toma de las puertas de la ciudad.

Salamanca, Segovia, Toro, Ávila, Madrid, Burgos y Toledo constituyen la Santa Junta de Ávila el 14 de junio de 1520. Es una asamblea revolucionaria que decide atacar al regente Adriano y obligarle a salir de Valladolid. Desde Ávila se envían cartas de adhesión a diferentes localidades. En su ideario quieren redefinir la relación entre el rey y el pueblo, algo que debe hacerse sobre la base de que el reino está por encima del rey. La Junta representa al reino y el rey no debe exigir sino solicitar. Y hacerlo en las Cortes.

Ronquillo, un alcalde de casa y corte, en el entretanto, pretende hacerse con el control de Segovia, lo cual impide Juan de Padilla, nombrado general de un ejército formado por un millar de hombres, escopeteros, alabarderos y caballeros. Con tal hueste toma Tordesillas el 29 de agosto. Es recibido por la reina Juana días después, entrevista que se transmite como un apoyo al movimiento. Por aquellos días, el común toledano rompe el control que ejercen los caballeros y la Comunidad se involucra en la defensa de sus reivindicaciones. Ante tal deriva del movimiento

popular, los canónigos se pasan al bando realista.

Las fricciones en la Santa Junta son visibles cuando es sustituido Padilla al frente del ejército. La ciudad de Burgos se pasa al bando realista y tal acción, en opinión de ciertos historiadores es debida a un giro inesperado y una muestra de cómo el movimiento pretende suplir a la monarquía. En Europa, como detalle, hay dos repúblicas, la de Venecia y Génova, pero no son otra cosa que pseudomonarquías oligárquicas.

El radicalismo del año 1521

La orientación de la Junta Santa bascula entre conseguir una tregua o la radicalización que mantienen determinados grupos en los primeros meses del año 1521. El movimiento toledano está en manos del común y los caballeros son motejados de traidores. Su líder es Pedro Laso de la Vega y evita su apresamiento huyendo de la ciudad, aunque una turba de más de dos mil personas van en su busca al correr el rumor de que se halla recogido en el monasterio de san Juan de los Reyes. El movimiento toma la iniciativa para intentar extender la base política del proceso por los pueblos del entorno.

El obispo de Zamora, Antonio de Acuña, llega a Toledo en marzo. La Junta lo envía con el en-

El obispo Antonio de Acuña, según una litografía del siglo XIX.

lia Osorio, emparentada con el regidor toledano Juan Gaitán, defensores de la Comunidad, tienen un control efectivo sobre el pueblo y ejercen gran influencia en los alrededores.

Gaitán, por pergeñar algunos detalles biográficos, es comendador de la orden de Santiago, intervino en la guerra de Granada y fue corregidor de Málaga, cargo del que es separado por Chièvres. Uno de sus hermanos, Gonzalo Gaitán, es dueño de dos tercios del término de Arisgotas. Ambos cuentan con la ayuda del comendador de Dos Barrios, Francisco Osorio. Otra persona implicada en la defensa a ultranza de Toledo ante las tropas reales es María Pacheco, mujer de Juan de Padilla. Hasta mayo, cuando Madrid se rinde, la ciudad de Tajo es un excepcional centro comunero donde compiten dos líderes, María y Antonio de Acuña, por hacerse con el control. Ella ve en él al rival que desea la mitra, así que efectúa una acción preventiva para que sea su hermano Francisco quien la ocupe. La escasez de fondos con los que pagar a su gente fuerzan a María a tomar la custodia y la plata de la catedral.

El tercer personaje en liza es el marqués de Montemayor, señor del castillo del Águila, de Vi-

cargo de controlar la zona al sur del Tajo, presencia que coincide con dos hechos importantes: la muerte Guillermo de Croi y el nombramiento de Antonio de Zúñiga, prior de San Juan, como jefe de la fuerza realista del reino de Toledo. Zúñiga tiene órdenes de detener la marcha de Acuña por los territorios de la Mesa de Ocaña y la Mancha, en donde los comuneros cuentan con localidades adictas.

Un centro activo es Ocaña, maestrazgo de la Orden de Santiago, donde miembros de la fami-

llaluenga y Villaseca, un seguidor a ultranza de la facción real. Otro firme realista es Álvaro Pérez de Guzmán y Mendoza, conde de Orgaz, que tiene que enfrentarse a muchas dificultades para controlar el proceso tumultuario en sus dominios. Escorada al bando real está Ajofrín, un dominio de la catedral, lo que lleva a los obispos Campos y Cabrero, y otros siete canónigos, a refugiarse en aquel pueblo ante los disturbios que vive Toledo. Otro huido es el deán Diego López Dávalos, que es acogido en el castillo de Mora, mientras el canónigo Peña acude al de Almonacid, ya que su hermano es el alcaide.

El prior Zúñiga recibe de los regentes órdenes para contener a la gente de la Comunidad en todo el reino de Toledo. Envía emisarios hasta Cartagena para hacer-

El bando comunero cuenta con más de 6.000 hombres. Es una milicia popular formada por ballesteros, piqueros y lanceros con poca práctica en las tácticas de guerra.

se con soldados profesionales en sus filas. Promete una sustanciosa soldada y llega un numeroso grupo de los que acompañaron a Hugo de Moncada en la batalla de Gelves. Con ellos llega un capitán llamado Francisco de Rebolledo. El prior dispone de una importante suma, 22.000 ducados, más otra cantidad que le manda el regente desde Burgos y Tordesillas, dinero que sirve para pagar las soldadas y mantener vivas las lealtades. El bando comunero cuenta con más de 6.000 hombres. Es una milicia popular formada por ballesteros, piqueros y lanceros, con poca práctica en las tácticas de guerra y escasa experiencia a la hora de manejar pólvora. Zúñiga recibe información de la presencia del obispo Acuña en el mes de marzo. Desde Alcalá se ha desplazado al territorio de la Orden de Santiago.

El prior, cuenta el cronista Santa Cruz, comete un error, debido a que ciertos caballeros huidos de Ocaña le hacen saber que podría apoderarse de la villa una noche con la ayuda de gente adicta al rey. El asalto resulta fallido porque los de Ocaña, alertados del ataque, llaman en su ayuda a gente de Toledo y acuden más de 600, ante lo cual los hombres del prior salen de naja y van a refugiarse al pueblo de La Guardia. El vecindario, para evitar los destrozos que pueda ocasionar, jura fidelidad al rey y le entregan sus armas, 400 arcabuces, 300 coseletes, un centenar de picas y 120 ballestas.

Las tropas realistas repelen un ataque cerca de Tembleque y el 12 de marzo hacen cara a las tropas de Acuña en un encontronazo que tiene lugar en el paraje conocido como Las Atalayuelas. El resultado es dificultoso de valorar. No hay unanimidad a la hora de precisar quiénes son los vencedores y quiénes son los vencidos. Hasta Ocaña va Acuña a refugiarse y con la tropa proveniente de otros lugares cercanos opta por desviarse hasta el castillo del Águila para tomar esta fortaleza. Es el mejor bastión del señorío del marqués de Montemayor.

Las tropas realistas repelen un ataque cerca de Tembleque y hacen cara a las tropas de Acuña. No hay unanimidad a la hora de precisar quiénes son los vencedores y quiénes los vencidos.

El cerco tendrá lugar dos o tres días antes de la batalla de Villalar y se salda con la captura de solo dos piezas de artillería y el saquero de las localidades de Villaseca y Villaluenga.

La rapiña del bando realista

Mora es un dominio de la orden de Santiago y sus gentes se hallan sometidas a una presión fuera de lo común desde el año 1520. Su economía se basa en la producción de cereales y vino, a lo cual se une un amplio sector ganadero caprino, lanar y vacuno. Pan, vino, queso, lana y cría de ganado que tributan en sus dos terceras partes a la Mesa maestral santiaguista. Atemorizados están esos vecinos ante las acciones de rapiña que realiza Diego de Carvajal, el realista alcaide del castillo de Almonacid, personaje que utiliza tan excelente baluarte para atosigar a los pueblos de los alrededores. De las fechorías que realiza quedan testimonios muy jugosos en el proceso incoado al comunero Juan Gaitán después del levantamiento. La táctica de Carvajal consiste en asaltar a la gente de Mascaraque, Orgaz, Sonseca, Villaminaya, Nambroca y otros lugares del entorno. Son ataques rápidos, con el propósito de hallar

un botín, lo que agrava el temor de los lugareños.

De sus fechorías hay varios testimonios. Un tal Pedro Cordero, testigo en el citado proceso, hace un breve examen sobre la procedencia de Carvajal. Dice que es señor de la villa de Jódar, la cual abandonó por haber matado a su tío Luis de la Cueva. Aquel huido de la justicia se instala en la fortaleza de Almonacid y la utiliza para robar, hechos que son denunciados ante los alcaldes de la Hermandad al tener lugar en el campo. Tal justicia es incapaz de parar las tropelía y menos aún detenerla.

Otros testigos, entre ellos un tal García de Heces, calcetero, ratifican cómo los hombres de Carvajal, junto al alcaide de la fortaleza, salían a caballo y to-maban el ganado que pastaba en el campo. Un vecino de Mora llamado Alonso López pinta con mayor verosimilitud algunos de los excesos que cometían los realistas. Cuenta las peripecias que hizo para cubrir el corto trayecto existente desde su localidad hasta Orgaz. Al narrarlo, resalta el temor a sufrir un robo en el camino, incluso la muerte. Ante tal peligro, opta por desviarse por una trocha que conduce hasta la dehesa de Diezma. En una venta del camino escucha el relato del ventero. Dice que los hombres de Carvajal estuvieron a punto de ahorcarlo al no facilitar información sobre los comuneros toledanos. Puesto de nuevo en camino el de Mora por las vías que atraviesan las dehesas de Alimán y Villaverde, coincide con un paisano de Ajofrín. Le extraña que vaya con coselete, pica y espada. El ajofrinero le cuenta que acude a integrarse en la hueste de Carvajal para ganarse la vida, ya que son jugosos los botines y otras capturas. Redondea sus palabras indicándole que los del castillo han tomado pocos días antes una manada de ovejas en Orgaz. A este testimonio se suma el de un cuchillero llamado Juan de Tolosa, probablemente afincado en Mora, al contar cómo halló llorando a todo el pueblo de Villaminaya por despojarles numerosas reses de ganado los del señor de Jódar. Devolvían las que pertenecían a Vasco de Guzmán, heredero en el lugar, al ser realista. Objeto de tal pillaje son las mulas, sacos de harina o las bolsas; una le quitaron a un tal Alonso Pérez los de Carvajal con 4.000 maravedíes.

Mora vive un enorme desconcierto el 6 de abril de 1521. Así lo cuenta un hombre llamado Antonio de Sahagún, que viene desde Romaila a su casa. A eso de las nueve de la noche vio el resplandor de las almenaras que hacían los refugiados en el castillo de Mora, las cuales son respondidas desde el de Almonacid. Los morachos, presumiendo que van a ser atacados, se mantienen en vela toda la noche y prestos a defender sus casas. Tal es el recelo, dice Sahagún, que muchas mujeres acuden a refugiarse en la iglesia y llevan consigo sus ajuares domésticos. Buscan refugio para salvarse del latrocinio y, posiblemente, de cierta violencia sexual. No parece que tales pronósticos se cumpliesen. Sahagún añade otros pormenores a su relato al contar que el domingo siguiente, 7 de abril, dos vecinos de Mora que venían de moler varios sacos de harina de los molinos del Tajo dejan su mercancía y son obligados a transportar leña en su carreta hasta el castillo de Almonacid. También narra como Carvajal, acompañado de un tal Lope —al cual describe con una

A eso de las nueve de la noche vio el resplandor de las almenaras que hacían los refugiados en el castillo de Mora, las cuales son respondidas desde el de Almonacid. Los morachos, presumiendo que van a ser atacados, se mantienen en vela.

cuchillada no curada en la cara—, junto con Antón González, escudero de María Niño de Ribera, y un grupo de diecinueve jinetes, más un trompeta, pretendían asaltar Mascaraque. Los vecinos hacen frente a tal tropa en actitud luchadora; salen hasta la entrada del pueblo, se sitúan en una ermita dedicada a San Sebastián y llegan a impidirles la acción de pillaje. Días después aquellos realistas quitan a unos vecinos de Huerta ochenta pares de mulas y un hato de ovejas, animales que meten en el castillo de Almonacid.

El asalto a Mora

No parece que existiese una confrontación extrema entre realistas y comuneros en Mora. No es improbable que la oligarquía y los pecheros mantuviesen una lucha soterrada de intereses económicos y, con toda probabilidad, hasta un solapado enfrentamiento social, aunque de ese cuadro de división subyacente, propio de la polarizada sociedad de una población rural castellana, es dificultoso hacer una descripción veraz. Los que optan por encuadrarse en el bando comunero no cuentan con instrumentos bélicos para hacer frente a una cuadrilla de imperiales bien armada. Tampoco se hallan preparados para una resistencia numantina.

El cronista Juan Maldonado asegura que están bien provistos (*Historia de la revolución conocida con el nombre de las Comunidades de Castilla*). Cabe preguntarse de qué. Es raro, sin embargo, que estén equipados de picas, espadas u otras armas; bien resueltos sí están. Y es casi seguro que tal coraje no les deja ver lo que tienen enfrente. Die-

Los salteadores utilizan una curiosa artimaña: quitar los cencerros a las reses y despistar a los que les persiguen levantando polvo con retamas y hacienso sonar los cencerros en sentido opuesto.

go López Dávalos es el comendador de la Orden de Santiago y sugería al prior de San Juan que hostigase a esos súbditos poco proclives al rey. Zúñiga está resentido con ellos por el robo de unas reses que custodiaba uno de sus rabadanes, hato que estaba pastando en el comunal de Finisterre, y que toma una partida de gente y lo encierra en la localidad. Sandoval dice lo siguiente al explicar tal tropelía: «*Pasando cerca de la villa un capitán del prior con cierta presa de vacas y carneros de los términos de Toledo, salieron a él trecientos hombres y se la quitaron*».

Aquel motivo deriva con toda probabilidad en el envío de una partida de hombres para escarmentar a los de Mora. El prior ordena al capitán Rebolledo, el que vino de la batalla de Gelves, que reconozca el terreno y calibre la actitud de los pueblerinos. Estos están muy atentos. Quieren evitar que les roben las escasas propiedades que tienen, sobre todo porque Carvajal, días atrás, ha tomado varias reses de los morachos, las cuales campeaban, probablemente, en el comunal de San Martín de la Montiña. Los salteadores utilizan una curiosa artimaña en este acto de pillaje. Consiste en hacer varios grupos, quitar los cencerros a las reses y despistar a los cuidadores que les perseguían levantando polvo con retamas y haciendo sonar los cencerros en sentido opuesto. A partir de tales actos, tanto el temor como la angustia se cierne por todo el pueblo. Rebolledo cuenta al prior lo que ha visto y éste envía una tropa más numerosa para forzar la rendición. Añade a su hueste los hombres de Diego de Carvajal, otros que manda Diego Enríquez Coronel y los de Rebolledo. Son soldados curtidos y bien aparejados, con ballesteros, piqueros y armas de fuego. Los de Mora intentan hacerse fuertes y cierran las calles con parapetos, además de apuntalar la tosca muralla de tapial que rodea la localidad. Los hombres de Zúñiga no atacan de

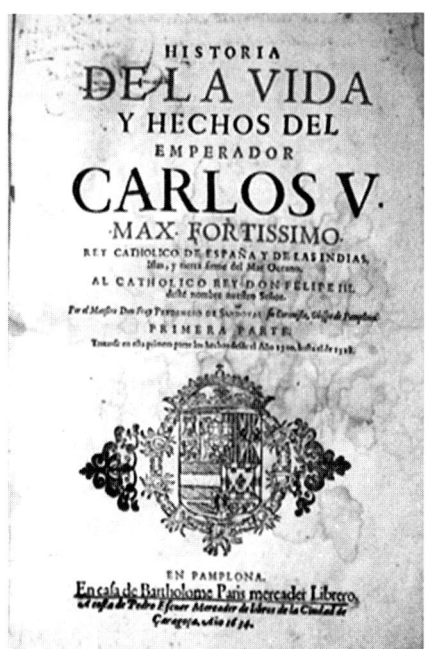

inmediato, como relata el cronista Sandoval (*Historia de la vida y hechos del emperador Carlos V*) con estas palabras:

«*Por lo cual, otro día siguiente don Diego de Caravajal, que estaba en Almonacid, dos leguas de allí, salió con su gente de a caballo y se juntó con don Hernando de Robledo, capitán de infantería, al cual el prior, a instancia de Diego López de Ávalos, comendador de Mora, había entrado con quinientos soldados para les poner temor y hacerles guardar lo que habían aceptado. Y así juntos, llegados con sus escuadrones hasta las paredes de Mora (la cual los* vecinos de ella tenían toda barreada), aunque les requirieron que se diesen al rey y los acogiesen en ella pacíficamente, no lo quisieron hacer, antes diciéndoles palabras afrentosas y llamándolos traidores y otras injurias, les tiraron muchas saetas y escopetazos».

El historiador Danvila Collado (*Historia crítica y documentada de las Comunidades de Castilla*) refiere el suceso con estas palabras:

«*Atacado el pueblo por los imperiales, se trabó sangrienta lucha; pero batiéndose en retirada los de Mora, se refugiaron en la iglesia, donde se habían llevado los inútiles para el combate. Allí los persiguieron las fuerzas del Prior, que comenzaron por hacinar combustibles e incendiar aquel santo refugio. Extendido el incendio a todo el edificio, bien pronto se desplomó el coro, situado en el piso alto de la iglesia, produciéndose una horrible catástrofe, que no amenguó el valor de los sitiados. La victoria fue ya fácil, y los soldados quedaron dueños del campo, sembrado de cadáveres, escombros y cenizas...*»

Otro cronista llamado Juan Maldonado comenta como «*algunas compañías de Zúñiga intentaron apoderarse de la villa por un* asalto repentino y saquearla antes de que Acuña o alguno de sus capitanes pudiera socorrerla». Extraigamos de tales palabras un vocablo alarmante: «saqueo», así como el aviso de que los sitiados enviaron una solicitud de ayuda al obispo Acuña, cuya mesnada se hallaba cerca de Ocaña, o entre Yepes y Huerta de Valdecarábanos. Aquella tropa nunca acude.

El cronista real fray Prudencio de Sandoval escribe que el contigente realista lo integran más de medio millar de soldados. El también cronista Ginés de Sepúlveda, escorado al bando de Carlos I, se suma al mismo argumento. Mientras, Maldonado cuenta la situación previa al asalto del pueblo con estas palabras:

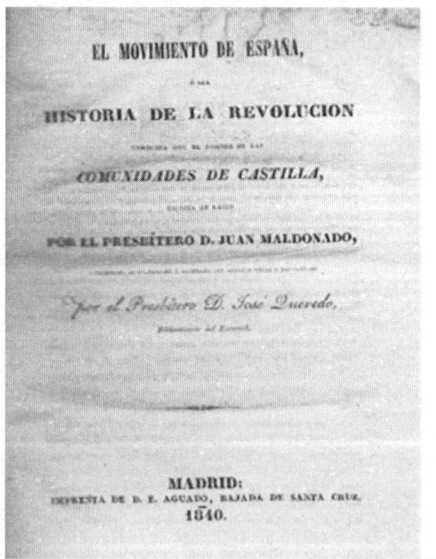

EL MOVIMIENTO DE ESPAÑA,

HISTORIA DE LA REVOLUCION

COMUNIDADES DE CASTILLA,

POR EL PRESBÍTERO D. JUAN MALDONADO,

por el Presbítero D. José Quevedo,

MADRID:
IMPRENTA DE D. E. AGUADO, BAJADA DE SANTA CRUZ.
1840.

«Llevaron al templo todas las mugeres y demás gente inútil para la guerra, y reúnen en él todas las riquezas y cuanto tenían en mayor estima. Los soldados de Zúñiga, aunque habían concedido algunas horas para consultar á los toledanos y á Acuña, apretaban sin embargo y se preparaban á traspasar las trincheras. Los de la villa, temiendo alguna traición, guardaban las entradas de las calles, y habiendo recibido al principio a los enemigos que los acometían con las puntas de sus armas, causándoles tanta ó más pérdida que la que sufrían, por fin, acosado por el mayor número se vieron obligados á retirarse. Se meten por último en el templo, donde habían encerrado sus mas caras prendas, determinados á mirar en poco sus vidas, con tal que la victoria cueste muchísima sangre a los enemigos. Los de Zúñiga, conociendo bien que no podían triunfar sino á costa de mucha sangre, recurrieron á medios inhumanos, a saber, arrojaron fuego al templo, pero con tal astucia que prendiendo primero la llama en materias fáciles de incendiar, se comunicase luego al azufre que allí se guardaba. Al momento la parte interior del templo, llamada el coro, vino

abajo y con él una gran multitud de mugeres y niños, y el humo y el polvo los cegaba á todos; además, la llama que prendió en las puertas no dejó lugar alguno por donde huir. Ardió todo el templo sin que la llama perdonase ni aun las cosas sagradas; se quemaron hombres y mugeres, muchas doncellas, y muchísimos niños y ancianos».

La información que ofrece un canónigo llamado Juan Ruiz, a decir de Dánvila Collado, es que los sitiados eran unos 600, bien armados, y tenían la plaza barrenada, en la cual había metido su ganado. Los hombres del prior sumaban unos 800 soldados y 200 lanzas. El comendador de Mora salió del castillo antes que la población fuese asaltada y rogó que no peleasen, porque el prior estaba decidido a perdonar la ofensa. Una gran mayoría consintió, excepto unos cuantos que debían morir luchando. Ante tal porfía, Diego López «volvió á pedirles por merced que no se pusiesen en defensa, ó hincado de rodillas lo pidió y requirió, y jamás le quisieron oir». Entonces los hombres de Zuñiga, concretamente el 23 de abril de 1521, según consta en un documento del Archivo de Simancas, asaltan el reducto.

«No pudiendo sufrir á los enemigos, se metieron en la iglesia, que era muy grande, donde estaban todas las mujeres y niños, y allí peleando, unos 50 soldados viejos del prior trajeron dos gavillas de sarmientos y pegaron fuego á las puertas de la iglesia, y quemada una de ellas entraron por allí, y a la entrada mataron dos de ellos. Y como

Volvió a pedirles por merced que no se pusiesen en defensa, o hincado de rodillas lo pidió y requirió, y jamás le quisieron oir.

los de Mora tenían mucha pólvora en la tribuna, llegó allí el fuego, incendió la pólvora y hubo el mayor daño del mundo, porque tanto los soldados que habían entrado como todas las mujeres y niños, todos se abrasaron, porque la pólvora era mucha y no había dónde respirar».

Juan Viñas, que no fue testigo directo, declaró en 1713 que las paredes ardieron y el recinto quedó destruido como seis varas de alto a la parte del mediodía, incluido el retablo mayor, salvándose solo los tres pequeños, y que la techumbre de madera aplastó a los acogidos en el recinto sa-

cro. Esa información conduce a al argumento de cuantas personas murieron en la tragedia de la iglesia. Sin ser taxativo, no debieron ser más de medio millar los abrasados, que son muchos, aunque los cronistan cifren esa cantidad muy cerca de los tres mil. Tal valor es imposible. Lo es porque que la villa santiaguista no cuenta entonces con tantos habitantes. Sí fue importante la destrucción, tanto que quedan destruidas las casas cercanas a la iglesia, así como un hospitalito dedicado a Santiago. En marzo de 1522, para paliar la ruina en la que se halla el pueblo, es

extendida una Real Cédula, en la cual se ordena a los contadores de alcabalas que no cobren nada más que 90.000 maravedíes durante seis años porque la localidad cuenta con pocos vecinos y los que quedan están muy pobres. Además, reconstruyen la iglesia, para cuyas obras reciben 2.000 ducados de las arcas del emperador.

La reacción de los comuneros ante el desastre de la iglesia de Mora es cruel y sanguinario. El obispo de Zamora devasta numerosas casas en Yepes de los partidarios realistas; pasa por la Sagra y ataca Borox y persigue a Juan de Ribera hasta Torrejón de Velasco. Éste se encierra en su castillo del Águila y los asaltantes roban todo cuanto pueden en Villaseca y Yuncler. El obispo concentra las fuerzas de refresco procedentes de Toledo en Magán y pretende someter a las localidades realistas. No obstante, la noticia sobre la derrota sufrida en Villalar le hace encaminarse a Toledo.

A modo de conclusión conviene añadir que se han cargado las tintas sobre que el movimiento popular lo formaban gente baja y sediciosa, cuyo único fin es saquear y expoliar las casas de los realistas. Los archivos encierran muchas evidencias y es más fácil mostrar las represalias y las indemnizaciones exigidas por los vencedores. De que así fue está la evidencia real de premiar a muchas personas con los oficios, rentas y bienes de los comuneros condenados o los exiliados. Los potenciales beneficiados pululan como enjambre de moscas voraces. Así, para ocupar la regiduría de Juan de Padilla se postulan diecinueve candidatos y un número similar solicita las de Hernando de Ávalos, Gonzalo Gaitán y Juan Carrillo. Por cierto, esta última la obtiene Francisco de Rojas, señor de Layos y también de Mora a partir del año 1568.

Un periodista fue el promotor del servicio municipal de bomberos

A comienzos del siglo XX empezó a reorganizarse el servicio municipal de bomberos de la ciudad de Toledo, labor en la que tuvo destacada participación el periodista Constantino Garcés y Vera, director del popular semanario *La Campana Gorda*, y que fue también el primer presidente de la Asociación de la Prensa Toledana y promotor de numerosas iniciativas en la vida local de su época.

Por entonces, los incendios se anunciaban con toques de rebato de todas las campanas de Toledo, a los que seguían unas campanadas más lentas, indicativas de la parroquia donde se había declarado el fuego. Prácticamente todos los vecinos disponían de información sobre estas señales, de tal modo que sabían dónde habían de acudir para ayudar en la extinción, la cual se llevaba a cabo, normalmente, a base de cubos de agua desde pozos o algibes cercanos al lugar del incencio, pues la presión de las pocas tuberías entonces existentes no siempre permitía acometer el fuego con mangueras, salvo que se les conectara a bombas de las que rara vez se disponía. Los toques de las campanas servían también para avisar a los bomberos nombrados por el ayuntamiento y para salir de sus domicilios con los escasos pertrechos de que entonces disponía (casco, uniforme, cuerdas y picos), los cuales cada uno guardaba de manera personal, pues los retenes permanentes fueron algo muy posterior.

La popular y bulliciosa fiesta del Viernes Santo en el matadero municipal

MIGUEL LARRIBA

Entre las muchas tradiciones y costumbres populares en la ciudad de Toledo, una de las más antiguas, perdurables a lo largo de varios siglos y hoy ya completamente olvidada, era la que tenía lugar cada mañana del Viernes Santo en el matadero municipal. Contrariamente a lo que podría suponerse por la significativa fecha, ésta no revestía carácter religioso alguno, sino que se trataba de un acontecimiento frívolo y bullicioso que reunía a varios centenares de personas de toda clase y condición con el único propósito de asistir a la matanza y descuartizado de las reses que allí tenía lugar durante todo el año, pero que sólo en esta ocasión se ofrecía a la curiosidad pública.

Lo que hoy calificaríamos como una «jornada de puertas abiertas», se venía produciendo, desde tiempo inmemorial, ya en el primitivo degolladero que, desde de el siglo XIV, hubo bajo el Corralillo de San Miguel, popularmente conocido como la Casa de Vacas, y que continuó en uso a pesar de que, a finales del XVI, el matadero fue trasladado a las inmediaciones de la puerta del Cambrón. De la actividad en el primitivo degolladero han dejado constancia algunas fotografías en las que se aprecian los rastros de sangre que caían por aquellos rodaderos.

Sería finalmente en 1892 cuando, tras numerosas vicisitudes, pudiera inaugurarse el nuevo matadero, que se mantuvo en uso hasta finales de los años 80 del pasado siglo, en el solar que ocupó el desaparecido convento de San Agustín, junto a la puerta del Cambrón. Es aquí donde encontramos referencias en la prensa de la época sobre la costumbre de acudir a presenciar la matanza del Viernes Santo o la Matanza Grande, como se la co-

Bajo la iglesia de San Miguel, el Corral de Vacas, hacia 1869. Se aprecian los rastros de sangre que vertían por el rodadero. Foto: *Toledo Olvidado*.

nocía popularmente. El acontecimiento, de alguna manera, suponía la apertura oficial del año en el matadero, pues el miércoles y jueves santos no se sacrificaban reses y eran días que se dedicaban fundamentalmente a limpiar a fondo las naves y dependencias.

Las reseñas en los periódicos nos permiten hoy hacernos una idea bastante precisa de aquella singular fiesta donde, junto a datos descriptivos, encontramos no pocos comentarios críticos sobre la realidad social del momento, suavizados entre la ironía y el sarcasmo. También podemos seguir la evolución de algunas mejoras que se iban incorporando a las instalaciones en los primeros años del siglo XX.

Comencemos con una descriptiva crónica aparecida en el diario *El Cronista* el 26 de marzo de 1910, que nos aporta información muy precisa sobre cómo se desarrollaba aquella jornada:

«Desde bien temprano comenzaba a concentrarse gente a las puertas del edificio en el deseo de poder encontrar un buen lugar desde donde presenciar el espectáculo gratuito. A las ocho de la mañana ya había unas 400 personas, entre ellas bastantes señoras y los simpáticos y acaudalados Teo López y Eugenio Martín, endomingados con flamantes trajes y con vistosas joyas que ya las quisiera el informador para sus casos de apuro.

»El público, impaciente y nervioso, se apretuja esperando la hora de entrar. Llega por fin la deseada hora, ábrense las puertas y en confuso tropel asalta las galerías e invade las barreras ávido de presenciar el cruento sacrificio...

»Los expertos matarifes, empuñando las sendas y afiladas puntillas que han de rematar a los astados brutos, ocupan gallardamente sus puestos.

»El jefe de nave emite las órdenes oportunas, y por las puertas del fondo que comunican con los corrales van entrando, recelosos y bufando, hasta dieciocho hermosos toros, que uno a uno mueren sin agonía bajo los certeros golpes de El Púa, un jifero sin par, y de sus diestros compañeros.

Procédese después al descuartizamiento de las víctimas, previas otras operaciones, cual la

Entrada al matadero municipal próximo a la puerta del Cambrón (Foto Rodríguez)

> **«Podéis asegurar que en ninguna capital de la importancia de Toledo, y aun de más importancia, tienen un Matadero tan excelente, tan magnífico como el nuestro».**

---

de degollar, descuartizamiento que, merced á los tornos con cable de alambre que hace poco tiempo se instalaron, y que suspenden a las fenecidas reses, se lleva a cabo con rapidez y comodidad.

»Entre tanto, de otra nave próxima, que es la destinada al sacrificio del ganado lanar, emergen dulces y quejumbrosos balidos. Proceden de los tiernos corderos que están siendo degollados. Algunos espectadores curiosos se aproximan a atisbar la operación: pronto se retiran. Aunque necesaria, ¡es tan emocionante la muerte de un triste e inofensivo corderillo!

»Todo ha terminado; los carros portean y acarrean las carnes a los respectivos establecimientos; el contratista recoge las pieles; los encargados de la limpieza ba-

rren y friegan hasta el último rincón».

La información que, desde luego, no tendría cabida en ningún medio de comunicación actual, finalizaba con unas observaciones del autor de la crónica «*como toledano y saliéndole muy adentro de su alma*», con la intención de contrarrestar opiniones de algunos ciudadanos que tienen «*la desgracia de no querer, de no amar a nuestro pueblo; todo les parece malo y detestable. Sin embargo, no es así. Constriñéndonos al Matadero, podéis asegurar que en ninguna capital de la importancia de Toledo, y aun de más importancia, tienen un Matadero tan excelente, tan magnífico, como el nuestro*». Y aquí enumeraba la serie de mejoras que en el último año se habían producido en las instalaciones:

«*Sucintamente manifestaremos que cuenta con tres espaciosas naves dedicadas a las matanzas de ganado vacuno, lanar y de cerda, respectivamente. La nave de ganado vacuno posee dos galerías altas (una inaugurada ayer), para que el público pueda presenciar cómodamente y sin peligro alguno el sacrificio de toros, vacas y terneras, Recientemente se ha inaugurado también una vagoneta que* marcha sobre rieles como el tren, para transportar desde la referida nave a la mondonguería, instalada en otra parte del edificio, los vientres y despojos.

»Un local destinado a Inspección sanitaria facultativa, al frente de la que se hallan los ilustrados y concienzudos veterinarios D. Andrés Hernández y D. Juan Muñoz, en la que se encuentra además un laboratorio químico para el análisis de las carnes, os asegura la bondad de las que tenéis que consumir.

»Si una res cualquiera sufre una enfermedad contagiosa que puede ser nociva para los consumidores, es inmediatamente quemada.

»Para ello existe un horno crematorio donde se hace desaparecer la res infectada, sin distingos ni contemplaciones. Añádase a esto las habitaciones que tienen para su aseo personal los matarifes y demás empleados que intervienen en las operaciones de la matanza, y otros locales complementarios, la limpieza extremada que a diario se practica y la observancia rígida del Reglamento del Matadero, sin dejar de mencionar el celo de jefes y subalternos, y todo ello os demostrará que el Mata-

El matadero de Toledo en obras, hacia 1890. Foto: *Toledo Olvidado.*

dero de Toledo es un modelo en su clase del que podemos enorgullecernos».

Estos logros motivaban con frecuencia la presencia en el festivo acto de las más altas autoridades de la ciudad, como el alcalde, concejales o el gobernador, que aprovechaban así a darse el correspondiente baño de multitudes al tiempo que reivindicaban tales avances como fruto de sus desvelos en favor del pueblo. Hay constancia de que en ciertas ocasiones las autoridades llegaban con algunos presentes, como dulces y bebidas, que repartían entre los empleados del establecimiento.

El semanario *La Campana Gorda*, en su edición de 31 de marzo del mismo año, abundaba en el contraste que se había producido con la incorporación de estas mejoras: «*Destripadas las vacas, toros y terneras, sus voluminosos vientres eran transportados a la mondonguería en inmundas carretillas de madera de poca capacidad, que derramaban por los patios los citados despojos. Hoy los conduce al lavadero una capaz y limpia vagoneta giratoria empujada por un chico y que rueda por una pequeña línea Decauville sin que de aquélla derrame ni una sola gota de sangre durante el recorrido.*

»El horno de cremación que, por defecto de la salida de humos, no podía funcionar, ha quedado en condiciones de inutilizar normalmente las reses desechadas por el celoso y nunca bien ponderado jefe del Matadero D. Andrés Hernández.

»Todas las mesas y bateas de madera que había en algunas naves se han sustituido por mármol y piedra».

Pero, a pesar de estos importantes avances, el periódico hacía hincapié en algunas cuestiones todavía pendientes de solucionar o mejorar, y a este respecto se planteaba algunas preguntas:

«*¿Es lógico que el jefe del Matadero, el intachable e inabor-*

«Destripadas las vacas, toros y terneras, eran transportados a la mondonguería en inmundas carretillas de madera que derramaban por los patios los citados despojos. Hoy los conduce al lavadero una capaz y limpia vagoneta».

Reses sacrificadas en el matadero de Toledo. (Foto Rodríguez)

dable veterinario D. Andrés Hernández, salvaguardia constante de la salud pública, cobre menos sueldo que cualquiera de los empleados del citado edificio?

»¿Costarían mucho unas capiruchas de hule para que se las pusieran los conductores de los cuartos de carne, cuando los conducen de la nave al cuarto de romana, con el objeto de que no rozasen aquellos el cuello y pelo de los conductores?

»¿Por qué no se completa el horno de cremación con lo que le falta para el aprovechamiento de los animales inutilizados?

»¿No podría sacarse partido del río de sangre que se desperdicia y va al Tajo por la alcantarilla o sumidero?».

Otra constante en las crónicas que año tras año se repetían en la prensa en torno a la fiesta en el matadero, eran las alusiones a la producción y el consumo de carne en Toledo, aportando a este respecto significativas cifras, las cuales contrastaban, y así se ponía también de manifiesto, con la imposibilidad, para la mayor parte de la población, de adquirir y consumir carne en las deseables condiciones de cantidad y calidad.

Así, el semanario *El Heraldo Toledano*, el 30 de marzo de 1907, por ejemplo, al referirse a la presencia masiva de espectadores en la tradicional fiesta del matadero, los calificaba como «*habitantes de la población que ya no pueden comer carne, y no por falta de ganas aun en aquellos días que no son de vigilia, se conforman contemplando el sacrificio de los cornudos animales tan suculentos en beefteaks o simplemente acompañados de los prosaicos garbanzos*». El mismo cronista, que se contaba entre ellos, remataba así su comentario: «*Para terminar diremos que Toledo se embaula diariamente en el estómago, y en números redondos, diez toros y cincuenta reses lanares. ¡Ya es carne! Pero no crean ustedes que todos la probamos*».

Esta lamentable realidad se constataba en los numerosos comentarios que podían escucharse entre los curiosos que acudían al matadero, muchos de ellos por darse el placer consolador de echarse a los ojos, ya que no a la boca, aquellas magníficas piezas de carne que nunca llegarían hasta sus mesas. *El Diario Toledano* de 3 de abril de 1915, reflejaba en su crónica este ambiente, entre la ironía y el desconsuelo:

«—*Pero ¿quién se comerá tanta carne? —Era la pregunta más general.*

—*¿Ves tú —decían algunos— esos apetitosos cuartos traseros que cuelgan de los ganchos? Bueno, pues a mi casa apenas llega alguna piltrafa de esos desperdicios que los matarifes arrojan al suelo.*

—*La verdad —observan otros— que no es extraño que los carniceros estén tan gordos, con el sabroso valió que a diario se les mete por los poros.*

—*Y sobre todo— se argüía— con el que se les mete por los bolsillos, que es mucho mayor y más sabroso.*

—*Fíjate, si no, ahora con la subida de las carnes.*

—*Que va a acabar por reducirnos las nuestras a la más mínima expresión.*

Y así transcurrieron agradablemente las horas de matanza.»

Cerámica de Talavera en el monasterio coruñés de Santa María de Sobrado

VENTURA LEBLIC GARCÍA

El monasterio de Santa María de Sobrado se encuentra al sur de la provincia de La Coruña, en el ayuntamiento de Sobrado de los Monjes, a sesenta kilómetros al sur de Santiago de Compostela, muy cerca del centro geográfico de Galicia. Su fundación se remonta al siglo X (952) por los condes de Présaras. Primero como monasterio dúplice, que se extinguió por intereses y guerras en las que participaron los descendientes de los fundadores, condes de Trava, permaneciendo abandonado hasta que en 1142, bajo el reinado de Alfonso VII, fue ocupado por monjes cistercienses franceses procedentes de Claraval. A lo largo de los siglos el monasterio fue favorecido por numerosas donaciones que lo hicieron el más poderoso de Galicia, llegando a albergar más de ochenta monjes. Después del periodo de los abades comendatarios, se unió a la Congregación de Castilla en el siglo XV, comenzando su periodo de mayor esplendor. Dependían del monasterio cuarenta prioratos repartidos por Galicia, Castilla y Portugal, además de la administración de numerosas parroquias, pesquerías, etc. Tuvo jurisdicción civil y criminal en todos sus territorios con potestad para ejercer justicia, y contaba con audiencia y cárcel propia.

Miles de peregrinos pasaron por sus dependencias. En 1773 se contabilizaban 8.000 y daba de comer la «sopa boba» diaria a unas trescientas personas necesitadas.

El monasterio más primitivo, dedicado al Salvador, desapareció totalmente, no quedando otra cosa que algunos restos arqueológicos mozárabes en el solar sobre el que se edificó otro de corte románico, que a su vez sufrió una profunda renovación en el siglo XVII, haciendo desaparecer el anterior, salvo pocas depen-

Cuatro calles

«El monasterio de Santa María de Sobrado sufrió la exclaustración precipitada y el correspondiente saqueo al que fue expuesto durante varios años».

dencias monacales. La monumental iglesia barroca y sus tres grandes claustros hablan de la suntuosidad del monasterio. En 1820 sufrió la primera desamortización que fue paralizada por el absolutismo, y en 1835 la de Mendizábal, «genial» ministro de finanzas que intentó recuperar la hacienda pública a costa del desastre que ocasionó al patrimonio español, al nacionalizar los monasterios y propiedades, vendiéndolos al mejor postor. Con ello hizo más ricos a los ricos que pudieron comprarlo y destruirlo. No se recuperaron las arcas públicas, solo las privadas, y las pérdidas patrimoniales fueron cuantiosas.

El monasterio de Santa María de Sobrado sufrió la exclaustración precipitada y el correspondiente saqueo al que fue expuesto durante varios años. Utilizado de cantera, fue dinamitado en parte por un propietario y en 1878 las ruinas fueron adquiridas por el arzobispado de Santiago, siendo cardenal Payá y Rico, más tarde cardenal arzobispo de Toledo.

En 1954, una comunidad de monjes cistercienses del monasterio de Viaceli (Santander) volvió e inició su restauración, cuyas obras duraron hasta 1966. Hoy permanecen en su viejo solar con nueva vida contemplativa entre «las piedras renovadas».

Conocemos que uno de los momentos de mayor pujanza del monasterio fue el siglo XVII, cuando se transformó y amplió. En este periodo y durante el reinado de Felipe III, la economía española sufre una grave recesión que obliga al valido duque de Lerma a dictar una pragmática que prohibe el uso de ornamentos y utensilios de metales preciosos por su escasez para fabricar moneda.

La alta nobleza y una buena parte del clero con rentas cuantiosas usaban vajillas de los metales necesarios para la hacienda en quiebra y, dada la situación, debieron buscar alternativas. Muchos de aquellos nobles se fijaron en la cerámica de Talavera y de Sevilla, llegando a sus comedores, cocinas y dependencias, numerosas piezas de loza o cerámica, aumentando considerablemente su producción.

Por otra Pragmática de Felipe III fechada en 1601, estas dos ciudades gozaron del monopolio comercial de sus productos cerámicos con Hispanoamérica, lo que determinó el esplendor talaverano.

Esta coincidencia en el siglo XVII de una gran reforma del monasterio, que denotaba poder económico para ello aunque la vida diaria se ejerciera con gran sencillez, y la expansión de la cerámica talaverana favoreció que el monasterio de Sobrado adquiriera, al menos durante los siglos XVII al XIX, gran cantidad de cerámica para diversos usos en la cocina, refectorio, botica y, quizá, como elemento decorativo o incluso litúrgico.

Si bien las referencias de la presencia de esta cerámica en Sobrado son tardías, nos muestran una vida monacal austera como lo demuestran los inventarios del monasterio. Su riqueza material se centra en las continuas reformas artísticas y arquitectónicas durante el periodo del barroco y neoclásico gallego.

Debió de existir un flujo de cerámica de Talavera durante el siglo XVII hacia los principales monasterios de Galicia, ya que las piezas que se fabricaron en la re-

«Muchos de aquellos nobles se fijaron en la cerámica de Talavera y Sevilla, llegando a sus comedores, cocinas y dependencias, numerosas piezas de loza o cerámica, aumentando considerablemente su producción».

gión por esas fechas, en general, eran propias de la alfarería común y utilitaria.

A finales del siglo XVIII hubo un intento de evolución hacia la cerámica «al estilo de Talavera» en Oleiros (1799) pero no prosperó, y así continuó hasta la centuria siguiente en que se puso en funcionamiento la fábrica de Sargadelos. Por lo tanto, la referencia de Talavera se encuentra primero en las boticas monacales con centenares de recipientes, como ocurrió en muchos monasterios de España. En Sobrado conocemos el uso de piezas talaveranas, además, para otros menesteres domésticos, como veremos a través de informes documentales del siglo XIX.

El 21 de noviembre de 1820 (Fernández Ordoñez, 1999), en el inventario que se levantó para iniciar el expediente de supresión de la comunidad por el gobierno del trienio liberal, no llevado a efecto, describe el refectorio con todos sus utensilios y mobiliario que existían en ese momento: *«Veinte tazas de Talavera de postre y cuartilleadas una, bastante usadas. Treinta y ocho tazas de Talavera ordinarias con sus asientos y tapaderas de madera. Diecisiete saleros, también de Talavera, ordinarios y muy usados».*

> *«Debió de existir un flujo de cerámica de Talavera durante el siglo XVII hacia los principales monasterios de Galicia».*

Es decir, unas sesenta y siete piezas talaveranas antiguas sobre la mesa, sin otra descripción que «de uso ordinario», suponemos anteriores al siglo XIX. No habla de ninguna pieza de origen gallego cuya producción había comenzado en 1806 en Sargadelos.

Una numerosa comunidad como fue la de Sobrado, y rescatando las palabras de San Benito cuando recomienda atender diligentemente a los enfermos en sus monasterios y a los peregrinos que necesitasen ayuda, estuvo obligada a mantener permanentemente abierta y atendida por monjes facultativos una botica y un huerto para el cultivo de las plantas medicinales, en especial los monasterios situados en el camino de Santiago. Todas las boticas, según sus posibilidades, estuvieron dotadas de utillaje especializado y del famoso «botamen», siendo la pieza más conocida el albarelo.

«*Los botes o albarelos estarían decorados, como era usual, con el escudo del monasterio en el azul cobalto talaverano y, a veces, con el nombre de la sustancia terapéutica que guardaba*».

La botica de Sobrado pasó de atender y dar servicio a la comunidad y al peregrino, a darla a la población en general que lo necesitaba. El *locus* contaba con tres grandes espacios cercanos a la portería, siendo uno de ellos dedicado a enfermería y otros a la propia botica y «laboratorio», más un huerto con casa, junto al cenobio. En el siglo XIX había decaído su actividad por falta de recursos humanos. Las dependencias casi quedaron abandonadas y gran parte de sus utensilios deteriorados. Se observa, no obstante, tras la Guerra de la Independencia, un repunte para recuperar la actividad farmacológica, pero no se constata la adquisición de más botamen, ya que el antiguo talaverano debía mantenerse en su mayoría útil.

En los Libros de Obra y Fabrica del monasterio se anotan apuntes de los encargos de «*decenas de remesas de piezas talaveranas para uso diario en el refectorio*» (Álvarez Soage, 2014). En la botica conocemos (Santiago Ordoñez, 1999) que existía cerca de un millar de «botes de Talavera» para guardar los diversos remedios que proporcionaba el huerto cercano.

Los botes o albarelos estarían decorados, como era usual, con el escudo del monasterio en el azul cobalto talaverano y, a veces, con el nombre de la sustancia terapéutica que guardaba. No conocemos hasta ahora ninguna pieza, aunque autores afirman (J.L. Aulet, 2003) que algunas se guardaban en colecciones privadas.

Debemos tener en cuenta que tras la desamortización de Mendizábal, el monasterio permaneció como cuartel, y al retirarse las tropas ninguna autoridad quiso hacerse cargo del complejo monacal, que permaneció varios años abierto a merced de los saqueadores.

Los cientos de piezas talaveranas de la botica y la vajilla monacal desaparecieron para siempre en tierras gallegas, hasta donde llegó su expansión.

MAR VILLAPALOS

«El arte podría ser también un buen impulsor del casco antiguo de Toledo»

SANTIAGO SASTRE

—Háblame un poco de tus padres. Creo que fue muy importante que te regalaran una cámara de fotos con ocho años.

—Tengo unos padres ejemplares, muy generosos, responsables y trabajadores. Unos padres que siempre me han apoyado y que siguen demostrándome, cada día, el valor de la fuerza de voluntad y del esfuerzo como única manera de conseguir lo que nos proponemos.

Y sobre esa primera cámara, sí, así es; mi padre tenía una cámara Werlisa, de esas que seguro más de uno recuerda, con una funda de piel marrón que lógicamente había que retirar para hacer las fotos y se quedaba unida a la cámara; el día de mi primera comunión, mis padres me regalaron una igual pero más pequeña que aún conservo con mucho cariño. Creo que ahí nació una inquietud que se ha quedado siempre conmigo.

—Me gustaría saber cómo transcurrió tu infancia en Toledo. En qué barrios viviste, a qué colegio fuiste.

—Mi infancia en Toledo transcurrió tranquila y feliz. Y creo que estas dos sensaciones, estos dos sentimientos, son los que mejor pueden reflejar lo que es una buena infancia.

Crecí en el barrio de la Avenida

«Estudié en el colegio de las Carmelitas, del que guardo muchos y entrañables recuerdos, y amistades para toda la vida».

de la Reconquista, en una familia formada por mis padres, mis dos hermanos y mi tía Lali. En aquella época este era el barrio donde vivían casi todas mis amigas, por lo que era muy fácil quedar y vernos a menudo.

Estudié en el colegio de las Carmelitas, cerca de casa, en el que fui una buena estudiante. De este colegio guardo muchos y muy entrañables recuerdos, y amistades para toda la vida con las que sigo manteniendo el contacto. Después estudié también en el Instituto El Greco antes de mi acceso a la universidad.

De esos años de colegio e instituto recuerdo con especial cariño los entrenamientos y partidos de baloncesto, las incontables horas que pasamos en la pista, hiciera frío o calor. Y, cómo no, las salidas por el casco antiguo de Toledo.

Tras unos años en los que viví en diferentes ciudades y formé mi propia familia, volví a vivir a Toledo, al barrio de Buenavista, donde mantenemos nuestra casa familiar y nos reunimos siempre que podemos.

—No sé qué estudiaste en la Universidad. Me gustaría que me hablaras de tus años universitarios.

—Pues respecto a mi formación universitaria, estudié Ciencias Económicas y Empresariales en la Universidad Complutense; los tres primeros cursos en Cardenal Lorenzana, en el Centro Universitario que había en Toledo adscrito a la Universidad Complutense, cuando aún no existía la UCLM; y los dos últimos cursos en el campus de Somosaguas, en Madrid, para poder cursar la especialidad de comercialización y marketing que en aquel momento no se podía estudiar en el colegio universitario de Toledo.

Posteriormente hice el Curso de Aptitud Pedagógica en la Universidad Complutense de Madrid para poder desarrollar mi labor como docente.

—¿Cómo empezaste a trabajar?, ¿Cómo fueron los años en los que te dedicaste a trabajar en la enseñanza?

—Pues trabajé en la empresa privada durante ocho años y, tras esa etapa, me he dedicado a la enseñanza de las asignaturas del área de Economía en institutos públicos de Toledo y su provincia, con un paréntesis de cuatro años en los que trabajé para la Junta de Comunidades de Castilla-La Mancha, en la Dirección General de Comunicación. Estoy convencida de que siempre es positivo aprovechar todas las oportunidades y experiencias que podamos vivir, porque todas nos aportan y de todas aprendemos algo. La vida nos va planteando retos, y aceptarlos y superarlos nos va construyendo como personas.

Sobre mi experiencia en el ámbito de la enseñanza tengo que decir que para mí es muy gratificante. Considero la enseñanza como un proceso continuo; en mi vida el aprendizaje es una constante porque creo que siempre, a lo largo de toda nuestra vida,

«Considero la enseñanza como un proceso continuo; en mi vida el aprendizaje es una constante porque creo que siempre estamos aprendiendo y eso nos abre horizontes».

estamos aprendiendo y ese aprendizaje nos abre horizontes. Podemos aprender de todo y de todos. Es como un intercambio, yo aprendo mucho de mis alumnos.

Me gusta la enseñanza, buena prueba de ello es que ahora que vivo en Bruselas, al no poder mantener mi labor como docente de enseñanza secundaria, me he formado en el Instituto Cervantes de la ciudad y estoy compaginando mi trabajo como fotógrafa con la enseñanza del español en esta institución.

—¿Cuál fue tu formación en el mundo de la fotografía?

—Los primeros años, como creo que es bastante habitual, fui autodidacta, y en el año 96 hice mi primer curso de fotografía en Alicante, ciudad donde vivía en esa época. Tras ese curso hice algunos otros, centrados principalmente en el revelado analógico, algo que siempre me ha parecido, y seguirá pareciéndome, mágico; de hecho, llegué a tener en casa mi pequeño laboratorio de revelado.

En el curso 2009-10 cursé el «Máster PHotoESPAÑA de Fotografía: Teorías y Proyectos artísticos» por la Universidad Europea. Fue gracias a este máster que comencé a concebir mis proyectos fotográficos tal y como los entiendo ahora. Me ayudó a descubrir cuál era en realidad el hilo conductor de mis fotografías. Me

Belleza en el abandono.

hizo reflexionar sobre el porqué hago lo que hago y qué quiero transmitir con ello... que creo que es un buen punto de partida para «tejer» un proyecto en fotografía. Tras este máster, he ido completando mi formación con cursos y talleres en diferentes asociaciones e instituciones como, por ejemplo, en La Casa Encendida, la Fundación Mapfre o el Museo Nacional de Arte Contemporáneo Reina Sofía.

—¿Qué es lo que buscas al hacer una fotografía?

—Busco, sobre todo, mostrar al espectador que existen otros enfoques; intento sugerirle una nueva mirada para percibir la belleza que existe en lugares donde jamás se hubiera sospechado como, por ejemplo, en un vertedero, en un montón de chatarra o en un cementerio en construcción. Trato de descubrir y expresar matices que en ocasiones se escapan por la prisa, o están ocultos por los prejuicios o la ausencia de perspectiva.

En cualquier caso, es el espectador el que debe detenerse, respirar hondo y descubrir esta nueva manera de admirar la realidad; yo tan solo se lo sugiero con mis fotografías.

—Me han llamado la atención tus fotos sobre vertederos y chatarra. Hay un esfuerzo en bus-

«Encuentro belleza, por ejemplo, en lo abandonado, en objetos que formaron parte de nuestras vidas y ahora se encuentran olvidados».

car la belleza en algo que ha sido desechado. Veo poesía en esa búsqueda.

—Creo que mi fotografía, como mi vida, es esencialmente una búsqueda; una búsqueda de belleza, de equilibrio y de paz. Quizá donde radica el carácter diferenciador de mis proyectos es en que realizo esta búsqueda en lugares inesperados, es decir, donde a priori nadie espera encontrar belleza, como puede ser un vertedero o una chatarrería. Me siento muy feliz si se considera que existe poesía en esta forma diferente de buscar y mostrar belleza.

Entrando un poco más en detalles, encuentro belleza, por ejemplo, en lo abandonado, en objetos que formaron parte importante de nuestras vidas durante un tiempo y, sin embargo, ahora se encuentran olvidados en vertederos de nuestra provincia.

Trato de devolverles esa dignidad perdida desde la perspectiva de «quien» nos acompañó cotidianamente en nuestros hogares y ahora afronta el paso del tiempo a la intemperie, enfrentándose al olvido.

Busco también equilibrio incluso en el caos, en esos amasijos de chatarra que si los miras demasiado cerca, solo vas a poder ver matices sesgados y puede que sombríos, en cualquier caso incompletos; y que, sin embargo, cuando los contemplas desde la distancia adecuada, puedes apreciar la totalidad de colores, brillos, sombras y formas que toda vida lleva consigo. Sugiero al espectador que tome su tiempo y su distancia para observar la rea-lidad y perciba que, en ese caos que en ocasiones es la vida, existen algunas sombras pero también muchas luces.

—*Además, ¿qué otros temas te gusta captar con el objetivo de la cámara?*

—Mi búsqueda de la belleza, del equilibrio y de la paz también se abre a otros lugares o espacios poco habituales. Con la composición «Belleza escondida» intento mostrar al espectador una similitud entre los cierres metálicos de diferentes comercios de una calle y la forma en la que nos protegemos ante la indiscreta mirada de los demás. Fotografío esas corazas y juego con puntos de fuga, formas, colores, brillos y ritmos, sugiriendo que

Equilibrio en el caos.

incluso en la manera en que nos ocultamos o protegemos, estamos mostrando cómo somos.

Otro de mis proyectos, con el que trato de ofrecer una nueva mirada, es *Caminos*. Son fotografías de la construcción de la ampliación del cementerio de Toledo. Se trata de una composición en la que hago un juego de simetrías y asimetrías, reiterando la misma fotografía en diferentes posiciones y buscando con ello una profundidad diferente, encuentro un paralelismo entre estos caminos que se dibujan en la fotografía y la infinita red de caminos que se entreteje a lo largo de una vida, como un laberinto construido a base de nuestras decisiones y que siempre será único e irrepetible, un camino que nosotros hemos trazado con nuestros aciertos y nuestros errores. Nuestros éxitos y nuestros fracasos dibujan nuestro camino. Un camino lleno finalmente de paz, porque considero que el éxito es, simplemente, haberlo intentado, haber vivido.

—¿Cómo fue tu salto a vivir a Bruselas?

—Pues como tantas cosas en la vida, se dieron las circunstancias personales, familiares y profesionales que me hicieron pensar que era un buen momento para hacerlo. Y di el paso. Cuando se

«Nuestros éxitos y nuestros fracasos dibujan nuestro camino. El éxito es, simplemente, haberlo intentado, haber vivido».

toma una decisión nunca se tiene la seguridad de si será un acierto o no pero, como decía antes, creo que el éxito es tomar la decisión de hacerlo. Hoy puedo decir que está siendo una experiencia muy gratificante, que me está aportando mucho en muchos aspectos.

Bruselas es una ciudad que sorprende por su gran actividad y la enorme oferta que tiene, cada tarde puedes encontrar actividades y planes culturales de todo tipo y esto, unido a que en ella conviven gran variedad de nacionalidades y culturas, hace que sea una ciudad muy abierta, dinámica y enriquecedora.

—¿Cómo ha acogido Bruselas a una fotógrafa toledana?

—Vine con mucha ilusión, comencé visitando muchas galerías para conocer a fondo el panorama artístico de la ciudad, fui enviando mi portfolio a diferentes galerías para dar a conocer mi trabajo y no voy a decir que fue fácil, porque realmente no lo fue, pero con trabajo, dedicación, esfuerzo y esa pizca de suerte que también hace falta, finalmente contactó conmigo la galería «A Little Gallery» interesándose por mi forma de interpretar el mundo y la fotografía, y ofreciéndome la posibilidad de exponer en «PhotoBrussels Festival 2024» bajo el título «*Un poco más que una imagen*», que creo que encaja muy bien con lo que yo intento transmitir con mis imágenes.

PhotoBrussels Festival es una cita anual que reúne durante un mes diversas exposiciones de fotografía por diferentes galerías de Bruselas. Participar en la edición de 2024 en una galería en el maravilloso barrio del Sablon ha supuesto para mí una gran oportunidad.

Un poco más tarde, y gracias a la exposición en PhotoBrussels Festival, me surgió la oportunidad de exponer en una galería del ecléctico y cosmopolita barrio de Marolles, en esta ocasión en solitario y en un espacio con mucha personalidad que interactuaba y dialogaba especialmente bien con el sentido de mi obra.

—*Hiciste el camino de Santiago desde la experiencia de acompañar a alguien muy joven, tu hijo de 10 años, y alguien muy mayor, tu padre de 80. ¿Cómo resultó la experiencia?*

—Fue una experiencia maravillosa. Siempre digo que, para mí, el Camino de Santiago debe ser el que cada uno, cada persona, hace desde su propia casa hasta abrazar al apóstol Santiago. Nosotros salimos desde la casa de mis padres, junto a la avenida de la Reconquista, porque queríamos hacer «nuestro Camino». Lo hicimos a lo largo de un año, por lo que fuimos viendo los cambios de estación, pasamos frío y también calor, fuimos viendo los cambios de paisaje desde la meseta castellana hasta las «corredoiras» de Galicia. En esos días hay tiempo para todo. Hay tiem-

«PhotoBrussels Festival es una cita anual que reúne diversas exposiciones de fotografía por diferentes galerías de Bruselas. Participar en la edición de 2024 ha supuesto para mí una gran oportunidad».

Montando
la exposicion
de PhotoBrussels

po para observar, para hablar y también hay tiempo para el silencio, ese silencio de paz que en el día a día tan a menudo nos falta.

—*Me gustaría que me explicaras cómo es tu relación con Toledo. Cómo ves la ciudad. Cuál es tu lugar toledano favorito. De qué manera crees que la ciudad puede evolucionar.*

—Toledo es mi casa. He vivido en diferentes ciudades y puedo decir que en todas he estado a gusto y he encontrado mi sitio. Pero Toledo es mi casa. Y me

> «Muchas veces, lo que recuerdo de Toledo no son lugares preciosos, que hay muchísimos, sino cómo disfruté en esos lugares, con quién pasé por allí...».

ocurre como nos ocurre a todos, que nos gusta salir de casa, viajar, ver nuevos horizontes, pero nos encanta esa maravillosa sensación de volver a casa tras haber disfrutado fuera de ella.

Mi lugar favorito de Toledo..., no sabría decirte uno, me encanta caminar sin rumbo por la zona de los cobertizos o por los alrededores de la catedral, asomarme a los patios. Pero muchas veces lo que recuerdo de Toledo no son lugares preciosos, que hay muchísimos, sino que lo que recuerdo es cómo disfruté en esos lugares, recuerdo con quién pasé por allí..., lugares que quizá ni siquiera podemos decir que son bonitos pero que son especiales para mí, y de esos hay muchos.

Sobre el tema de cómo puede evolucionar Toledo, puedo decir que me gustaría que el casco antiguo cobrara vida, pero vida de verdad, no solo a costa del turismo, que está muy bien y su riqueza es indudable, sino también vida «de vecinos». Me gustaría que la calle Ancha, las Cuatro Calles, Martín Gamero o la calle Tornerías siguieran teniendo zapaterías, tiendas de ropa, de electrodomésticos, de alimentación...

Siempre que hablo de este tema me acuerdo de ciudades como Roma, por cómo ha sabido mantener y valorar su patrimonio, respetando y valorando esa pátina del tiempo y, a la vez, potenciando y favoreciendo la vida diaria en ella.

En un casco antiguo tan precioso como el de Toledo, un buen impulsor podría ser también el arte: fomentar a artistas toledanos, que los hay y muy buenos, galerías de arte, espacios expositivos, organizar algún festival o muestra que lograra hacerse un hueco en el panorama nacional e internacional. Sé que esto no ocurre de un día para otro, pero para recorrer un camino, por largo que sea, siempre hay que dar un primer paso.

—¿Cuáles son tus próximos proyectos?

—Hace unos meses presenté un proyecto ante la consejería cultural y científica de la embajada de España en Bruselas. Esta consejería es muy activa y promueve la cultura española en muchos

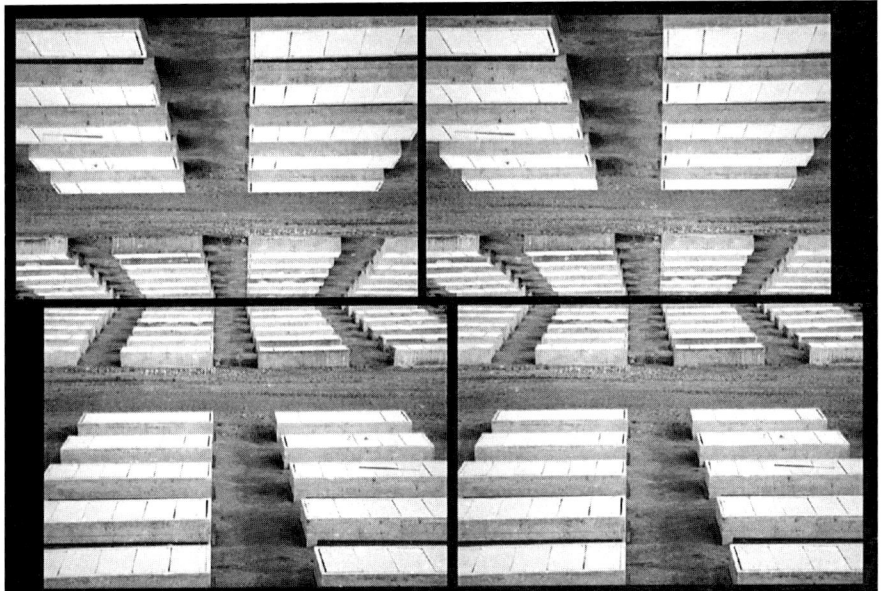

Caminos

ámbitos: música, cine, literatura, pintura, fotografía...

Mi proyecto fue seleccionado y ahora estoy volcada en la preparación de esta exposición en la embajada, que estará expuesta hasta mediados de enero de 2025. Se trata de algo nuevo, pero fiel a mi visión, con lo que pretendo generar un diálogo entre Toledo y Bruselas bajo el hilo conductor de la reflexión sobre el paso del tiempo y esa búsqueda de la belleza donde, a priori, no es fácil descubrirla.

También estoy implicada en la celebración de una interesante exposición y mesa redonda en la que me han propuesto participar junto a un músico y una escritora. Una mesa redonda que propone entrelazar las diferentes manifestaciones artísticas, poniendo de relieve su trascendencia y encontrando puntos de confluencia entre ellas.

«Es verdaderamente risible, si no indigno,
la interminable racha de adefesios que vienen
llevándose a cabo con la aquiescencia de nuestro
Ayuntamiento, en lo que atañe al ornato de nuestra
ciudad. A la ridícula reforma de la fachada de la calle
de la Plata, hay que añadir la de la calle de Recoletos,
donde ha sido arrancada una hermosa reja, modelo
admirable de recia forja de aquellos rejeros de los siglos
XVI y XVII para colocar, en sustitución de la misma,
un vulgarísimo balcón. Y por si este desacierto no fuera
bastante, la vetusta fábrica de ladrillo al descubierto ha
sido cubierta con el ya nombrado infame revoco.
Además, como en último recurso para rematar bien, ésta
ha sido pintarrajeada imitando, cómo no, el granito
sobre el natural granito, el ladrillo sobre el ladrillo».

Artículo en *El Heraldo Toledano*. 24 de octubre de 1913

La leyenda mágica de Galiana según una pareja de viajeros románticos

MARIANO MARTÍN RODRÍGUEZ

Entre los viajeros románticos a Toledo, hubo varios que aprovecharon su descripción de los monumentos visitados para contar algunas leyendas ligados a ellos, ligando así íntimamente la literatura de viajes a ese género narrativo, el cual pasó a considerarse desde entonces la forma de ficción más típica de la llamada Ciudad Imperial, entre la tradición histórica y la fantasía.

El viajero más conocido de aquel período es el francés Téophile Gautier (1811-1872). Este fue seguramente, por su fama y alta reputación literaria, quien consagró esa costumbre de intercalar leyendas toledanas al hacerlo con la de los amores de la princesa mora Galiana y el joven Carlos el franco, futuro Carlomagno, y la de la torre encantada abierta por el rey godo don Rodrigo y en la que este vio pinta-do en un paño la conquista de su reino por los moros. Gautier publicó primero su relación de viaje a Toledo en forma de artículo de prensa, en *Revue de Paris* (1841). Luego lo recogió en la primera edición, titulada *Tras los montes* (1843), de su *Voyage en Espagne* (1845), del que existe una buena traducción de Enrique de Mesa con el título de *Viaje por España* (1920).

Pronto lo emularon los autores de otro libro de viajes francés de 1848, obra de Manuel de Cuendias y Victor de Féréal titulada *L'Espagne pittoresque, artistique et monumentale. Mœurs, usages et coutumes*, título que traduciremos aquí como *España pintoresca, artística y monumental. Hábitos, usos y costumbres*, por no existir que sepamos versión española de este libro tan interesante por diversos conceptos, empezando por su gran cali-

Théophile Gautier

francés, una de las dos fechas, o las dos, son falsas. Creemos que la edición francesa es realmente de 1847, tal y como figura en la fecha añadida por algún bibliotecario de la Biblioteca Nacional de Francia en el ejemplar digitalizado consultado.

Como el texto puede rivalizar con el de Gautier en gracia y estilo, la inexistencia de traducción castellana es un enigma que tal vez quepa explicar recordando que sus autores no habían concitado demasiadas simpatías en los medios clericales y tradicionalistas, aún tan poderosos en el siglo XIX en España.

Según sus biografías, que hemos conocido gracias a páginas de internet que consideramos dignas de fe, Manuel de Cuendias (1800-1881) era un liberal exaltado que hubo de exiliarse en Francia. Allí conoció a Victorine Germillon, nacida en 1810 y llamada Madame de Suberwick tras su matrimonio. De ella no se sabe gran cosa, fuera de su actividad literaria, cuyos frutos más conocidos fueron en colaboración con Cuendias, con quien conviviría también durante largos años, sin que se sepa si le sobrevivió o no, pues no se conoce la fecha de su fallecimiento. En su producción con Cuendias, Madame de Suberwick pre-

dad bibliográfica, que acreditan sobre todo las hermosas láminas de Célestin Nanteuil (1813-1873), las cuales representan no solo monumentos, sino también escenas de episodios de las leyendas incluidas.

La información bibliográfica que figura en la portada reza como sigue: *L'Espagne pittoresque, artistique et monumentale. Mœurs, usages et coutumes* par MM. Manuel de Cuendias et V. de Féréal; illustrations par Célestin Nanteuil. Paris, Librairie Ethnographique, 1848. Existe una traducción alemana titulada *Spanien und die Spanier* geschildert von Emmanuel v. Cuendias, Brüssel & Leipzig, Carl Muquardt, 1847. Como el original es

firió firmar con el seudónimo masculino de Victor de Féréal, que se hizo célebre gracias a la novela folletinesca y anticlerical de 1845 *Mystères de l'Inquisition et autres sociétés secrètes d'Espagne*, con introducción y notas históricas de Cuendias. Esta obra tuvo un enorme éxito y se tradujo a numerosas lenguas, e incluso al castellano en 1850 con el título de *Misterios de la inquisición de España*. La airada censura eclesiástica contra esta novela, con prohibición y excomulgación incluidas, debió de disua-

dir a los editores españoles de tentar la suerte con la traducción de *L'Espagne pittoresque*, por si las moscas. Además, este era una obra que distaba de halagar la vanidad nacional de los españoles.

A juzgar por las páginas dedicadas a Toledo, la España pintoresca prometida por el título del libro no es una visión filtrada por el atractivo de lo exótico y el respeto cortés por el otro país, como había sido la de Gautier, pese a la fina ironía de este frente a lo que veía. Al contrario, es más

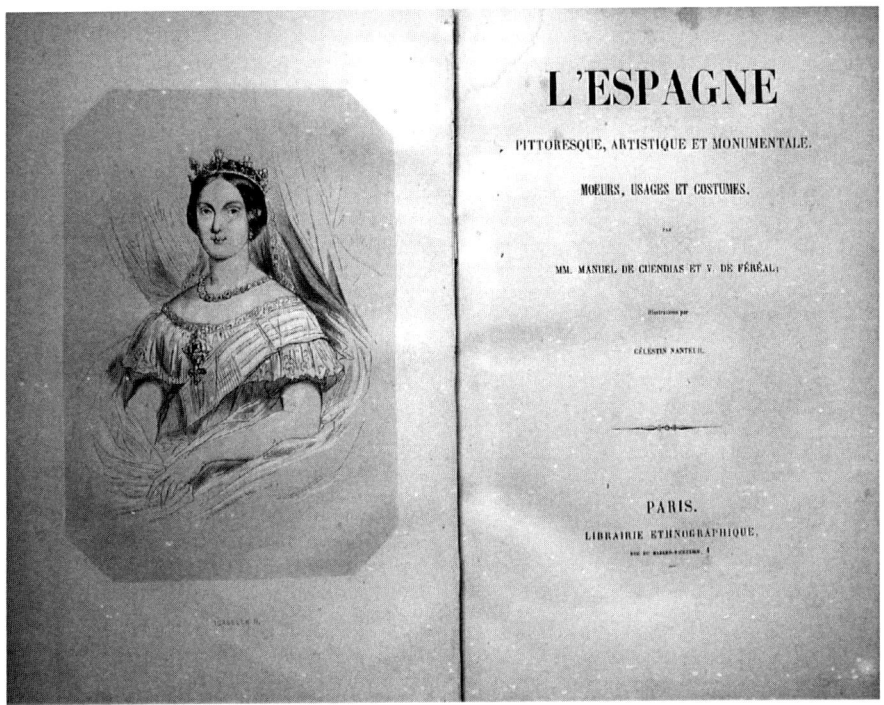

L'Espagne pittoresque, de Manuel de Cuencias y V. Féréal.

bien la perspectiva del español Cuendias la que predomina al lamentar el triste estado de la ciudad, símbolo de la decadencia del país entero. Los autores de *L'Espagne pittoresque* sienten esa decadencia como algo propio, tal y como indica el uso de la primera persona del plural del verbo al denunciar las guerras que la han dejado sin fuerzas ni voluntad: «*¡Españoles! ¿Qué somos? Nación sin leyes, sin libertad que la fecunde; sin despotismo que la haga respetar*». Tan solo queda la vaga esperanza de una futura regeneración que la despierte y, hasta entonces, el espectáculo de sus monumentos, como los de Toledo, aun en el estado medio ruinoso en que se encontraban entonces. Pero Cuendias y Féréal no les prestan demasiada atención, aparte de la catedral. Sus páginas sobre Toledo son parcas en descripciones artísticas. Tampoco describen apenas a sus habitantes. En cambio, superan a todos los viajeros de antes y de después en lo relativo al número y extensión de las narraciones legendarias que cuentan, empleando, además, diversos procedimientos narrativos.

Hay leyendas que narran concisamente al modo de la tradición oral, como la del caballo de Alfonso VI arrodillado ante la mezquita de Bab al-Mardum y el subsiguiente descubrimiento del Cristo de la Luz. Más desarrollada narrativamente está la leyenda visigoda del mismo Cristo, apuñalado y cuya sangre goteante había delatado el crimen y permitido el castigo capital del judío profanador. La voz narrativa sustituye ahí el antisemitismo tradicional que había inspirado esta atroz leyenda por un anticristianismo irónico.

El islamismo tampoco se libra de la crítica de las supersticiones religiosas hecha desde la tradición liberal progresista de Cuendias y Féréal, a juzgar por el tono igualmente irónico que caracteriza a sus otras dos leyendas toledanas, ambas inventadas por ellos.

La leyenda inspirada por el Taller del Moro («*atelier du Maure*») se presenta como un cuento narrado oralmente por una nodriza a unos niños, un cuento de terror preñado de asesinatos y almas en pena, en la tradición internacional de la fantasía romántica llamada *gótica*, con paradójicos ribetes de humor.

La otra leyenda, inspirada por el Alcázar, está narrada en tercera persona y adopta la forma de un cuento oriental a la manera de las *Mil y una Noches*. Aun-

> *«El pretendiente de la princesa, que es una hermosa doncella encerrada desde su infancia en un suntuoso palacio, es en* L'Espagne pittoresque *un príncipe moro granadino que, tras disfrazarse como esclavo, logra verla y hacerse ver.*

que su protagonista se llama Galiana y es la princesa mora hija del rey Galafre, igual que en la historia de los amores juveniles de Carlomagno con ella, nada tiene que ver esta leyenda de Cuendias y Féréal con la otra de origen medieval que había resumido Gautier.

El pretendiente de la mano de la princesa, que es una hermosa doncella encerrada desde su infancia en un suntuoso palacio lejos de cualquier mirada viril que no fuera la de su padre, es en *L'Espagne pittoresque* un príncipe moro granadino que, tras disfrazarse como esclavo, logra verla y hacerse ver. Tal visita enferma de amorosa melancolía a la joven, cuyo padre promete su favor e inmensos caudales a quien acierte a curarla. Un beduino lo consigue de la manera que los lectores verán en la traducción que sigue. Esta se basa en la leyenda tal y como aparece en las páginas 284-289 de la edición citada. La narración aparece entre comillas en el original, al igual que las demás leyendas intercaladas, de modo que queda marcada su categoría de ficciones autónomas.

Tan solo diremos que el celo preventivo del padre queda burlado por el ingenio del principesco amante granadino, cuyo saber le permite emplear un objeto mágico de la tradición musulmana, derivado directamente de una de las escasas leyendas desarrolladas narrativamente de su libro sagrado, la de Salomón y la reina de Saba. Por lo demás, esta solución mágico-religiosa, a la vez que fantástica, no impidió a nuestros autores burlarse igualmente de la superstición y de quienes la aprovechan para sus intereses mundanos, y de recrearse en su derrota a manos del héroe. Este es granadino seguramente no por casualidad.

Al elegir los autores este origen, remitían indirectamente a su modelo literario, más que probable, las leyendas fabulosas inventadas por Washington Irving (1783-1859) en su libro *The Alhambra* (1832), conocido en castellano por el título de *Cuentos de la Alhambra* desde su primera versión en 1833. La leyenda de Galiana de Cuendias y Féréal parece emular aquellos cuentos alhambristas, con los que coinciden por su humor picaresco y la magia, pero traspasan su clase de fantasía arabesca a Toledo, cuyo esplendor andalusí no le cede en mucho al de la urbe granadina.

A título de curiosidad diremos que Cuendias y Féréal dedican pocas páginas a Granada y que no intercalan ninguna leyenda granadina, tal vez para escapar al tópico de moda. Por lo demás, apenas suelen incluir leyendas locales, salvo en Toledo. Tampoco suelen inventarlas en otros lugares, con la excepción de una curiosa leyenda cordobesa ambientada en fabulosos tiempos paganos anteriores a la historia documentada.

Traducción de la leyenda

Cuando los moros conquistaron Toledo, el Alcázar se convirtió en la morada de los emires. Más adelante, cuando los conquistadores hubieron extendido su dominación sobre casi toda la península, se convirtió en la morada de los reyes... Galafre, rey de los moros, vino al fin a reinar sobre Toledo. Este rey tenía una hija, llamada Galiana (flor sin tacha). Nunca la abandonaba, porque, decía, una flor se marchita y muere cuando el jardinero la abandona a las inclemencias de las estaciones, igual que una hija se pervierte y marchita cuando su padre, que es el jardinero encargado de cultivar esta flor, la abandona al soplo mortal de las pasiones... Para proteger a Galiana frente a cualquier roce que pudiera ajar su corazón o deslustrar su pureza inmaculada, el rey Galafre, nada más llegar a Toledo, hizo construir un magní-

> *«Una flor se marchita y muere cuando el jardinero la abandona, igual que una hija se pervierte y marchita cuando su padre, que es el jardinero encargado de cultivar esta flor, la abandona al soplo mortal de las pasiones...».*

fico palacio lindante con el suyo, en el cual hizo encerrar a Galiana. Pero no había que compadecerla, porque aquel palacio no era una mansión como nuestros palacios actuales, en los que las pasiones acuden a arrastrarse, de los que las virtudes escapan al acercarse los grandes, donde todo es etiqueta, virtud falsa y afectada... Jardines fabulosos, cursos de agua viva, flores de Oriente y del Septentrión; aves raras de todos los países, y un inmenso tropel de animales diversos, perfectamente amaestrados, poblaron en primer lugar esta morada deliciosa...; baños de pórfido, llenos de un agua siempre pura como el cristal y perfumada como el agua del paraíso, una música celeste que, a una señal de la princesa, dejaba oír mil voces melodiosas, maridadas con la mágica armonía de instrumentos diversos...; cascadas, parques y bosquecillos, llanos y bosques frondosos: nada faltaba de lo que podía contribuir a sumir a la diosa de ese templo en un mundo de ilusiones perpetuas y a hacerla olvidar el mundo real en el que Dios nos ha condenado a vegetar como castigo de nuestros pecados...

Pero Galiana soñaba, soñaba siempre con una felicidad que no comprendía, pero que sentía que

> **«Pero Galiana soñaba siempre con una felicidad que no comprendía, pero que sentía que debía de existir».**

debía de existir... Amaba, pero ¿qué...? No lo sabía. Sus hermosos ojos nunca habían visto más varón que su padre, que ella adoraba como a un dios. Amaba las tórtolas, que arrullaban, y los pájaros, que gorjeaban en el follaje del limonero en flor; amaba esa armonía celeste que mueve los astros en el firmamento sin que choquen, y el rumor de las cascadas, y el murmullo de la brisa, y las nubes blancas que a veces velaban el cielo; amaba todo eso, pero su corazón se sentía aún vacío: necesitaba otro amor. Un palomo se había convertido desde hacía un tiempo en su favorito; fue ese palomo el que la enseñó por fin lo que le faltaba para alcanzar la felicidad. Un día, el ave favorita entró en los aposentos de la infanta herido y ensangrentado: lo seguía un enorme halcón. El palomo fue a refugiarse bajo los blancos hombros de su dueña, quien lo tomó inmediatamente en sus manos. Con un movimiento instintivo, la

princesa había cerrado la ventana a través de la cual habían entrado la víctima y su perseguidor. ¡El halcón estaba prisionero...! En el cuello del ave cazadora brillaba un collar de oro, en el que se leía una inscripción de letras repujadas, que rezaba como sigue: «*Amet-el-Kamel*, príncipe de Granada».

—¡Muera ese horrible pájaro! —gritó la princesa.

—Soberana luz del gran Galafre, esa ave es propiedad del poderoso heredero de un descendiente del profeta Ben-el-Gazul —respondió con profunda humildad la esclava que había recibido la orden.

—Quiero que muera. Haced saber mi voluntad al dueño del cruel asesino de mi palomo bienamado.

En verdad, el palomo favorito acaba de exhalar su último suspiro en el seno de su dueña inconsolable.

Las órdenes de la princesa fueron cumplidas y, al día siguiente, un esclavo armenio, vestido con el traje de su país, accedió a sus aposentos con un salvoconducto del gran eunuco guardián. Dicho esclavo presentó a Galiana, en una bandeja de oro adornada con piedras preciosas, el halcón estrangulado, tras lo cual se prosternó y salió sin decir una sola palabra... Pero, antes de salir, había dirigido a la infanta una mirada que ella había interpretado como sigue:

—Conozco la enfermedad que aflige tu corazón y me gustaría curarla.

Pasaron los días, seguidos de otros días, sin que la princesa oyera hablar del príncipe Amet-el-Kamel ni del esclavo que había traído el halcón muerto. Pero esos días ya no tenían luz en los cielos, y las noches que los sucedían no tenían estrellas para iluminarlas. Al menos lo creía así Galiana, por ser tan grande su tristeza y tan profunda su desesperación. El rey Galafre se alarmó... Pese a la severidad de sus celos paternales, quería más a su hija que a su propia tranquilidad. Hizo anunciar por todo el reino que quien consiguiera curar a la princesa del mal que la consumía, recibiría mil dinares de oro y, además, obtendría el favor que quisiera pedir. Sin embargo, la proclama añadía que, tras haberla curado y haber obtenido la recompensa prometida, el *curandero* debería abandonar el reino en el plazo de cuatro horas, so pena de verse em-

«*Hizo anunciar por todo el reino que quien consiguiera curar a la princesa recibiría mil dinares de oro y además obtendría el favor que quisiera pedir*».

palado ante la puerta del Alcázar.

Durante varios días no se presentó nadie. La princesa estaba cada vez peor. Por fin se anunció que un beduino del desierto solicitaba el honor de poner la cabeza a sus pies y besar el polvo de sus sandalias.

—Que entre —respondió el rey.

Casi de inmediato apareció el beduino del desierto. Llevaba una almalafa de piel de camello; sus piernas estaban tan desnudas como sus pies, y cubría su cabeza un turbante rojo sin adorno alguno. De su cinturón colgaban una flauta y una cajita de sándalo de gran sencillez.

El beduino se prosternó según la costumbre de Oriente, luego se levantó, cruzó los brazos sobre el pecho y, con una voz llena de respeto y de noble independencia, dijo:

—Luz de los creyentes, me he

enterado de que el amor de tus ojos está enfermo y he venido a devolverle la vida y la alegría.

—¿Sabes que tendrás que morir si no lo consigues o si, tras haberlo conseguido, permaneces en Toledo después del plazo que he fijado para la partida de quien cure a mi hija?

—Lo sé —respondió el beduino con voz firme.

—¿Y no temes fracasar en esta empresa que nadie de nosotros se ha atrevido a acometer? —Le preguntó un astrólogo, gran favorito del rey.

—Tú no tienes más que la ciencia de las estrellas para curar y yo traigo la ciencia de un genio del desierto; no temo nada.

—Llevadlo al palacio de la infanta y que se le obedezca en todo lo que quiera ordenar.

Las órdenes del rey fueron puntualmente cumplidas. El árabe beduino del desierto fue presentado a Galiana, quien, al verlo, se despertó de un largo letargo, pues sus ojos se volvieron de pronto húmedos y brillantes, y sus mejillas, tanto tiempo pálidas, se colorearon de un rubor púdico... Había reconocido al esclavo que le había traído el halcón.

—Dejadme sola con Su Alteza —dijo el médico improvisado en un tono conminatorio e imperativo.

> **«El árabe beduino del desierto fue presentado a Galiana quien, al verlo, se despertó de un largo letargo. Había reconocido al esclavo que le había traído el halcón».**

Los astrólogos, que lo habían seguido, así como los eunucos y las esclavas de Galiana, se retiraron en silencio.

Una vez a solas con la princesa, el beduino se acercó a ella, se prosternó, abrió la cajita de sándalo y sacó un pergamino doblado en cuatro, que entregó a la princesa. Tras hacer esto, la miró sin decirle una palabra y se retiró. Hizo bien, porque los astrólogos, que le tenían envidia, lo espiaban en la puerta, deseosos de descubrir una palabra que pudiera perderlo en el concepto del rey, tan celoso como ya sabemos.

Al salir, el árabe beduino no pareció sorprendido de encontrar a los astrólogos tan cerca; se lo esperaba y tan solo les dijo secamente:

—No tenía necesidad alguna de vosotros para hacer lo prometido.

Y, volviéndose hacia el jefe de los eunucos, añadió:

—Regresaré dentro de tres días y la princesa estará curada. Id a comunicar mis palabras al gran rey Galafre, vuestro señor.

Como lo había anunciado, el árabe beduino volvió al tercer día a ver a la princesa Galiana. ¡Oh prodigio! Estaba completamente curada. Al menos así lo creía todo el mundo, incluidos los astrólogos.

El rey Galafre, fiel a su juramento (había jurado sin duda por Mahoma), dijo al beduino que pidiera el favor que quisiera, que tenía concedido de antemano, y que se preparara a abandonar Toledo. Mientras lo decía, hizo que le entregaran los cien mil dinares prometidos.

—Primo del profeta —dijo el árabe mientras se prosternaba con el rostro por tierra—, el único favor que deseo de tu munificencia es el permiso de consolidar la curación de tu hija, para lo cual necesito una caja que se encuentra en tu guardamuebles, en la que están escritas estas cinco iniciales: L. R. S. A. S. S.

—Traed al instante lo que pide el médico.

El árabe se volvió entonces hacia los astrólogos y les dijo, mientras les lanzaba los cien mil dinares que el rey acababa de mandar entregarle:

—Perros del palacio, esto es para vosotros.

—Ha cometido un sacrilegio —gritó un santón que se encontraba entre los astrólogos y que no había podido atrapar ni un solo dinar.

—Luz de los creyentes —prosiguió volviéndose escandalizado hacia el rey—, reclamo que se empale a este descreído.

—Desgraciado, ¿qué has hecho? —murmuró el padre de Galiana.

—Estoy en mi derecho —respondió sin inmutarse el árabe beduino—. ¿No me has concedido el favor de consolidar la curación de tu hija bienamada?

—Eso es verdad —respondió el rey.

—Pues bien —prosiguió el árabe—, para curarla por completo había que hacer lo que he hecho.

—Ya no estaba enferma —gritó el santón.

—Lo estaba y lo estará hasta que no te hayan empalado.

—Empalad al santón —dijo en tono grave el rey.

Y al instante dos mudos robustos se llevaron al santón.

En ese momento entró el jefe de los eunucos negros, seguido por dos esclavos, quienes llevaban una caja enorme en la que se podían leer las iniciales L. R. S. A. S. S.

—Poned ahí la caja y abridla —dijo el árabe.

La caja encerraba una magnífica alfombra persa.

—Sacad esa alfombra y extendedla en el suelo.

Se hizo como había ordenado el médico. Entonces se volvió hacia Galiana y le ordenó que se sentara en medio de la alfombra y se sentó él mismo a su lado. Luego, volviéndose hacia el rey, dijo:

—Poderoso rey de Toledo, esta alfombra es aquella sobre la cual hizo su viaje aéreo la incomparable reina de Saba cuando dejó su reino para ir a visitar al sabio Salomón. Dijo esta gran reina al presentarlo a los pies del sabio rey de Judea: «Quien pueda averiguar el sentido de estas cinco iniciales bordadas por mis propias manos, una en cada esquina y la otra en el centro, adquirirá el poder de viajar sobre esta alfombra como yo lo he hecho». Tu hija, oh sublime descendiente de Mahoma, no estará fuera de peligro hasta que no haya oído tres veces la traducción de esas iniciales bordadas en esa alfombra...

—¿Y cuál es su sentido? —preguntó el rey Galafre.

—Dadme la mano —dijo el árabe a la princesa, que se mostró de una obediencia perfecta. El beduino se volvió entonces hacia la asamblea y dijo:

—Este es el sentido de las iniciales: *La Reina de Saba al Sabio Salomón*.

Y de pronto se elevó hacia el cielo la alfombra que llevaba a Galiana y a su médico, salió por el balcón y, desplegándose entera, planeó sobre la plaza de Zocodover durante unos instantes, antes de desaparecer en el firmamento.

Ocho días después, el gran rey Galafre recibió un mensaje que rezaba lo siguiente: «¡Galiana se moría de amor! Ahora disfruta de una salud perfecta, que Alá te guarde. Abel-el-Kamel».

El pastor de las Navas de Tolosa

MIGUEL ÁNGEL CÁNOVAS

Estatuas de reyes de Castilla, obispos y abades recubren los pilares de la Capilla Mayor de la Catedral de Toledo. Tuvimos oportunidad en otra ocasión de referirnos al del lado de la epístola, que tradicionalmente se ha venido llamando el pilar del *Alfaquí*. El lugar preeminente en que se encuentra y su indumentaria dieron pie a una leyenda ya expuesta en otro número de *Cuatro Calles*.

El pilar del lado del evangelio es conocido por el del *Pastor de las Navas* porque parece representar un humilde pastor tocado con sencilla vestimenta, rematada en una caperuza sobre la cabeza, y apretando la figura un cayado entre sus manos. Está en lugar tan destacado por su reconfortante aparición en el campo de batalla cuando el ejército cristiano se encontraba bastante atascado.

La derrota de Alfonso VIII en Alarcos (1195) fue un aldabonazo para la cristiandad a fin de que unieran sus fuerzas los reinos cristianos para no sucumbir ante los almohades. El peligro no sólo amenazaba a los reinos peninsulares sino a toda la cristiandad. Así lo entendieron los papas Celestino III (1191-1198) e Inocencio III (1198-1216), que animaron a combatir al Islam como si de una cruzada se tratase. En ese sentido Inocencio III firmó una bula en febrero de 1209.

La guerra entre cristianos y moros era inevitable. Un gran contingente de africanos engrosó el ejército musulmán y a su cabeza iba el emperador Mohammed-Aben-Yacub, más conocido entre los cristianos por Miramamolín. Dos años llevaban los moros preparando el inevitable encuentro.

Los reyes cristianos peninsulares determinaron reunirse en Toledo para desde allí ir al encuentro de los almohades. De la batalla y sus antecedentes nos han llegado muchas noticias. No en vano, el arzobispo de Toledo, don Rodrigo Jiménez de Rada, fue uno de los principales testigos y

narrador de la misma. De la importancia que le dio toda la cristiandad hablan las procesiones y rogativas que se celebraron en Roma para impetrar el auxilio del Altísimo. Inocencio III concedió gracias espirituales a los participantes en esa guerra contra el infiel.

El 21 de junio emprenden la marcha las tropas acantonadas en Toledo. La vanguardia la encabezaba don Diego López de Haro, señor de Vizcaya. En ella iban los arzobispos de Burdeos y de Narbona, el obispo de Nantes, Teobaldo Blascon, el conde de Benavente, el vizconde de Turena y otros distinguidos personajes. Seguían los reyes de Castilla y Aragón. Don Gonzalo Rodríguez Girón y sus cuatro hermanos mandaban la retaguardia. El séquito de Castilla era el más numeroso. En él iba el arzobispo don Rodrigo.

En los primeros días de marcha tomaron Malagón y Calatrava. Los ultramontanos, en su mayoría desertaron y se marcharon a su país, aduciendo el excesivo calor del verano. Sólo permanecieron el obispo de Narbona y Teobaldo Blascon de Poitiers. Sin embargo, tan considerable pérdida se vio compensada con la llegada de los navarros y su rey Sancho VII el Fuerte a la cabeza. Única-

El pastor de las Navas, representado en la catedral

mente León y Portugal faltaron a la cita.

El 12 de julio ya estaban en el puerto de Muradal. Hubo diversas refriegas, que dieron oportunidad a que los cristianos se apoderasen de Castro Ferral. Pasaban los días y cundía el desánimo entre los cristianos porque no encontraban un paso que no estuviera muy bien defendido por multitud de moros. Había un sector que optaba por la retirada ante la dificultad de la empresa. Otros, como Castilla y Aragón, no estaban dispuestos a dar un triunfo al enemigo sin combatir.

En esta situación angustiosa se presentó un pastor en el campamento cristiano, queriendo hablar con el rey don Alfonso. Le manifestó que conocía muy bien todos los senderos de aquellas sierras por haber apacentado durante muchos años sus ganados. Quería mostrarles un camino por donde podría pasar el ejército sin ser visto de los moros, colocándose ante el enemigo sin desventaja.

Tan prometedora era esa revelación que temía don Alfonso y el resto de la nobleza que fuera una celada. De ser cierto terminaría con la desazón que embargaba al ejército cristiano. Valía la pena explorar el paso llevando al pasto por guía. Encargaron a don

Pasaban los días y cundía el desánimo entre los cristianos porque no encontraban un paso que no estuviera muy bien defendido por multitud de moros.

Diego López de Haro y a don García Romeu que acompañaran al pastor y reconocieran el terreno. Con el pastor fueron caminando por un costado de la montaña hasta encontrarse con una vasta planicie capaz de contener a todo el ejército. Esa llanura era *Las Navas de Tolosa*. Todo se correspondía con lo que el pastor había descrito.

Los exploradores, realizada la ruta, avisaron a los reyes para que subieran sin cuidado con el ejército. Así lo hicieron al día siguiente, 14 del mencionado mes de julio, situándose el ejército a espaldas del enemigo, en una extensa y vasta planicie, capaz de contenerlos a todos ellos.

Grande fue la sorpresa de los musulmanes al hallar a sus espaldas un enardecido ejército al que el día anterior vieron delante de ellos con el ánimo decaído por la seguridad de la derrota. El choque entre los dos ejércitos se realizó el día 16: «*A poco más de media noche, los heraldos hicieron resonar a voz de pregón en las tiendas cristianas, la orden de prepararse a la guerra del Señor por medio de la confesión y de las oraciones. Jefes y soldados asistieron devotamente al sacrificio de la misa; oraron todos, confesaron y comulgaron muchos; animábanse unos a otros, y así preparados con las prácticas y ejercicios de la fe, recibida la bendición de los obispos, aguardaron la hora del alba, en que el rey de Castilla dio orden de ensillar los caballos y empuñar las ballestas, lanzas y adargas. Resonaron las trompetas y atambores, y todo el campo se puso en movimiento. Todos querían pelear en vanguardia, todos querían pertenecer a las primeras filas: el aguerrido veterano Dalmau de Crexel, catalán del Ampurdán, fue el encargado de ordenar las haces*» (1).

Se formaron cuatro cuerpos. Diego López de Haro mandaba la vanguardia; Sancho VII el fuerte, rey de Navarra, mandaba el ala derecha; Pedro II, rey de Aragón, el ala izquierda; finalmente, Alfonso VIII mandaba la retaguardia, el centro y, en cierto modo el ejército entero. Aquí iba

el arzobispo de Toledo con los demás prelados de Castilla.

Muchas fueron las hazañas y actos de valor que lograron enardecer a los combatientes cristianos y menguar el ánimo del enemigo. Sólo por poner algún ejemplo mencionaremos a quien sería sucesor del arzobispo Jiménez de Rada en el episcopado de Toledo: *«Al ver el monarca castellano a un clérigo, que vestido de casulla y con una cruz en la mano, venía desalentado ya, perseguido por un pelotón de moros, que así se burlaban de su pusilanimidad como denostaban al sagrado signo que en su mano traía y le apedreaban, apretó los ijares de su caballo, y encomendándose a Dios y a la Virgen, y blandiendo su lanza, diose a correr contra los atrevidos infieles. Siguiéndole todas sus tropas, incluso los obispos y clérigos. Don Domingo Pascual, canónigo de Toledo, desplegó al aire el pendón del arzobispo que llevaba, y metiéndose por medio de las filas enemigas entusiasmó de tal modo a los cristianos, que todos arremetieron desesperadamente, derribando cuanto se ponía por delante, haciendo perder a los sarracenos el terreno que habían ganado hasta allí* (2).

El Miramamolín se encontraba parapetado en su lujosa tienda.

«Alfonso VIII mandaba la retaguardia, el centro y, en cierto modo, el ejército entero. Aquí iba el arzobispo de Toledo con los demás prelados de Castilla».

Diez mil etíopes la circundaban y defendían encadenados unos a otros para no huir. Las puntiagudas puntas de sus lanzas eran un peligro para jinetes y caballos. El rey de Navarra, sin miedo al peligro, rompió aquellas cadenas. El caudillo almohade, viendo el cariz que tomaba la lucha, abandonó la tienda y el campo de la batalla a uña de caballo. La hazaña de Sancho VII el Fuerte se ha perpetuado adoptando las cadenas en la enseña navarra. La victoria fue total y bien recibida por la cristiandad.

«*Si quisiera contar* —dice el arzobispo historiador, testigo y actor en aquella batalla—, *los altos hechos y proezas de cada uno, faltaríame mano para escribir, antes que materia para contar* (3).

El Rey don Alfonso quiso agradecer el gran servicio prestado por el pastor que puso al ejército cristiano en una posición de privilegio frente al ejército almohade, pero en vano lo buscó por todas partes. Nadie supo de él y nunca se presentó ante el rey para reclamar alguna recompensa. Alguna crónica le da el nombre de Martín Halaja. La tradición y la leyenda, no obstante, se han enseñoreado de este gran triunfo de Alfonso VIII en alianza con Pedro II de Aragón y Sancho VII de Navarra, y han visto en el pastor a un ángel enviado por Dios al castellano como prenda de perdón por sus anteriores faltas. Otros pretendieron ver a San Isidro Labrador.

Lo cierto es que Alfonso no se olvidó de aquel pastor en la carta que envió al Papa dándole noticia de la victoria. Y cuando llegó a Toledo no sólo entregó a la Catedral las banderas arrebatadas al ejército enemigo, sino que también entregó un dibujo de aquel pastor que él mismo diseñó y que muy profundamente se había grabado en su imaginación.

Este diseño que hizo el rey sirvió para esculpir la estatua que los canónigos mandaron realizar y colocar en la Capilla Mayor en recuerdo de aquella gran victoria.

Notas:

(1) Zamora y Caballero, P. Eduardo; *Historia General de España*, Imprenta de José A. Muñoz y Cía., Madrid, 1873, t. I, p. 151.

(2) Idem, t. II, p. 153.

(3) Idem, t. II, p. 155.

El Ayuntamiento quiso cambiar el nombre de la calle del Comercio por el de Canalejas

La mañana del 12 de noviembre de 1912 caía asesinado en la Puerta del Sol de Madrid José Canalejas, presidente del Consejo de Ministros. Un anarquista llamado Manuel Pardiñas le disparó con una pistola mientras el político se encontraba mirando el escaparate de una librería.

La noticia se conoció esa misma tarde en Toledo donde causó una honda conmoción. El 28 de noviembre, el Ayuntamiento de la ciudad tomaba el acuerdo de celebrar una sesión necrológica en su homenaje y recuerdo, seguida de una manifestación pública y el cambio del nombre de la calle del Comercio por el de calle de Canalejas.

Pero, si bien la iniciativa del homenaje consistorial fue acogida con respeto, lo de cambiar el nombre de la calle más céntrica y concurrida de la ciudad por la del desaparecido político halló una fuerte oposición entre la opinión pública con argumentos tan lógicos y contundentes como la apelación a la raigambre tradicional de su nombre desde antiguo o al hecho de que, habiendo tantos toledanos merecedores de recuerdo a lo largo de la larga historia de la ciudad y de los que no existía ni monumento ni lápida donde figurasen sus nombres, carecía de sentido homenajear de modo tan significado a Canalejas, al que no unía ningún vínculo afectivo ni digno de ser recordado con la ciudad de Toledo.

La Perla de Toledo (y II)

ÁNGEL DEL CERRO

(Continúa del número anterior)

H acía ya tres lustros que Alfonso había ocupado la ciudad sin tener que recurrir a la violencia, más allá de lo estrictamente necesario. El rey leonés había sido huésped del gran Al-Mamún, cuyo reinado se identificaba con una época de gran esplendor político y cultural. Pero el gobierno de su sucesor, su nieto Al-Qadir, había sido todo lo contrario; la ciudad sometida a constantes disturbios duramente reprimidos. Al menos dos bandos enfrentados, cada uno de ellos dispuesto a pedir ayuda a sus peores enemigos. Al-Mutawakkil de Badajoz fue llamado para gobernar la taifa, sin éxito. A su vez, Al-Qadir recurrió a Alfonso, con el que terminó por pactar la rendición y entrega de Toledo.

El Emir había intentado reconquistar la capital toledana diez años atrás, pero no había conse guido más allá de saquear los campos cercanos, sin tener realmente opciones de victoria ante la alianza de los reyes de León y Aragón. Y tampoco se había aprovechado la derrota de Alfonso en Consuegra, salvo para que la ciudad mejorase sus fortificaciones, lo que le había permitido resistir mejor el último asalto hacía poco más de un año.

Tuzani tuvo la sensación de haber estado allí mil veces. Acaso porque le recordaba a Córdoba. Podía divisar prados y almunias a la orilla de un río que serpenteaba para acercarse y, luego, abrazaba y protegía la ciudad. No cruzaron el río. Pasado el castillo de San Servando, se dirigieron hacia el este, dejando a su izquierda el puente, donde se sucedían pequeñas granjas, casas con techos de paja, huertos con albaricoqueros y granadales, almendros, higueras y membrillares;

todo el terreno salpicado de norias que arrancaban el agua del Tajo para alimentarlos.

Lágrimas afloraron en sus ojos. No podría conquistarla, pero la despojaría de su perla, que el día siguiente cabalgaría a su lado, de regreso a orillas del Guadalquivir.

Pidieron hospitalidad para ellos y sus caballerías a un hortelano árabe que cultivaba berenjenas y cardos, no muy lejos del antiguo palacio de recreo del rey Al-Mamún. Aunque Tuzani estaba devorado por la impaciencia y tenía prisa por entrar en Toledo para formalizar su desafío, pasaron allí la noche.

—Parte, cabalga, llega a Toledo y encuentra a un anciano cerca del Zacatín.

Ya entrada la mañana siguiente, vadearon el río y rodearon la muralla para entrar a la ciudad por Bab Saqra. Llegaron hasta el barrio de los roperos, donde abordaron a un anciano. Fatín le preguntó si conocía la casa de don Gutierre de Saldaña y si po-

«Lleva esta carta a don Gutierre de Saldaña.
Si es hombre, vendrá a batirse conmigo
junto a la fuente de Almami.
La Perla de Toledo debe pertenecer
a uno de nosotros».

dría llevar una carta, y el anciano dijo que sí y que le placía hacerlo, sobre todo cuando tuvo en su mano unos dinares de plata.

—Anciano de barba blanca, lleva esta carta a don Gutierre de Saldaña. Si es hombre, vendrá a batirse conmigo junto a la fuente de Almami. La Perla de Toledo debe pertenecer a uno de nosotros.

Tuzani y Fatín salieron de Toledo por el mismo camino que habían traído y volvieron a la granja para recoger las armas y las mulas que habían dejado. Después se dirigieron hacia una arboleda que se alzaba junto a una amplia pradera. Por la ladera, a su diestra, descendía un pequeño chorro de agua que, cuando alcanzaba el llano, se dejaba caer a modo de fuente sobre un pequeño foso que, en algún momento pasado, alguien había rodeado de rocas, formando una balsa que permitía abrevar ganado. Algún canal subterráneo, sin duda, permitía desaguar en el río, distante no más de media legua.

Y el anciano ha cogido la carta, la ha tomado y la ha llevado al conde de Saldaña mientras jugaba al ajedrez con la Perla de Toledo.

Don Gutierre de Saldaña se alojaba en la casa que había sido de Abengenia, un alto funcionario al servicio de Al-Qadir, cerca del alficén. La mayoría de los musulmanes de las capas sociales más altas abandonaron sus casas tras la conquista de la ciudad por Alfonso, y esas casas habían sido ocupadas por los caballeros cristianos más cercanos al rey o destacados en las batallas.

Un dintel con una inscripción en árabe daba acceso al patio, en torno al cual se alzaban dos plantas sobre arquerías sostenidas por columnas. Una escalera conducía a la primera planta, donde se ubicaban las estancias principales: un gran salón, una sala más pequeña y dos habitaciones que servían de alcobas, todas ellas decoradas con yeserías de motivos vegetales y cubiertas artesonadas con dibujos geométricos.

Alrededor del patio se localizaban la cocina y la despensa, y habitaciones para los criados y para la recepción de visitas. En una esquina, una amplia puerta daba acceso a la cuadra, a la que se descendía por una suave rampa. En otra esquina, un brocal de pozo permitía sacar agua de un pequeño aljibe bajo el patio.

Don Gutierre de Saldaña era un hombre alto y robusto, de piel morena y pelo largo y negro. Una densa barba y bigote rodeaban su boca, aunque no cubrían por completo el rostro. Bajo unas cejas asimismo pobladas se abrían sendos huecos que escondían unos ojos negros que contribuían a dar mayor fiereza a su aspecto.

Procedía de una familia de infanzones de Burgos y se decía que estaba emparentado con la mujer de Álvar Fáñez. Fuera cierto o no, Gutierre se había incorporado a las huestes del lugarteniente del rey Alfonso con apenas dieciséis años, y rápidamente había demostrado su destreza en la lucha a caballo. Pronto destacó también por ser ágil de pensamiento, sopesando rápidamente las diferentes opciones que pudieran presentarse en el desarrollo del combate. Tras la batalla de Zalaca, su señor le encomendó el mando de un cuerpo mixto formado por caballeros cristianos, los llamados pardos, y *dawair* musulmanes, los llamados retorcidos, todos ellos en extremo crueles, y odiados y temidos a la vez por sus correligionarios en el ejército almorávide.

Así lo demostraron en la destrucción de Aledo y en la subsiguiente campaña contra la taifa de Granada, que hubo de volver a pagar parias a los cristianos. No corrió la misma suerte la expedición en socorro de Al-Mutamid de Sevilla para hacer frente a la tercera venida de Ibn Tashfin a la península, aunque tuvo un papel destacado. Álvar Fáñez resultó derrotado y herido en Almodovar del Río tras una batalla sangrienta. Gutierre tuvo que proteger su retirada y su acción fue crucial en el rescate de la princesa Zaida, asegurando el camino hasta Toledo, tanto de su

«Bajo unas cejas asimismo pobladas se abrían sendos huecos que escondían unos ojos negros que contribuían a dar mayor fiereza a su aspecto».

señor como de la que había de convertirse en concubina del rey Alfonso y madre de su hijo Sancho.

Sin duda, eso hizo aumentar la confianza que sus superiores tenían depositada en él, y Álvar Fáñez le mantuvo en su séquito cuando fue haciéndose con el gobierno de poblaciones como Zorita, Uclés, Alarcón o Cuenca, que habían permanecido en poder de Al-Qadir tras la toma de Toledo por Alfonso.

No participó en la batalla de Consuegra porque Álvar Fáñez confió a sus tropas la defensa de Toledo, por si ello fuera necesario. Gutierre esperó en vano que el ejército almorávide se presentara ante las murallas de la ciudad, como había ocurrido en otras ocasiones.

Hacía tiempo que había formalizado su boda con Aurora de Vargas, mujer que destacaba tanto por su inteligencia como por su belleza. Había sido doncella al servicio de doña Jimena Díaz, la esposa del Campeador, hasta que los caminos de El Cid y Álvar Fáñez se separaron. Vino con éste hasta Toledo como dama del séquito de su mujer, doña Mayor Pérez, y aquí se desposó con Gutierre de Saldaña.

Era una mujer delgada, de bello porte y regular estatura; de piel blanca, rostro ovalado y un pelo negro que contrastaba con unos grandes ojos de color verde claro que atraían todas las miradas.

Tenía un carácter dulce y era compasiva y generosa; pero también inquieta, interesada en todas las manifestaciones del saber. Gustaba de escuchar a los poetas y también de observar los cielos nocturnos para descubrir por sí misma los astros sobre los que había leído. A veces entonaba canciones de *habib* acompañándose de un laúd. Hablaba latín y árabe, y también las lenguas de los francos, que había aprendido en la corte de Alfonso. Sabía expresarse y decían que cautivaba con sus palabras a quien la escuchaba.

Ahmed, uno de los criados de don Gutierre, recibió al anciano a la entrada del patio. Cuando supo el motivo de la visita, llamó a Ruy, un joven escudero, que llevó al anciano a presencia de su señor.

Don Gutierre y Aurora estaban sentados, uno frente al otro, sobre almohadones en una sala enlosada con piezas rectangulares de cerámica y cubierta de alfombras de lana. Gustaban de jugar al ajedrez en las primeras horas de la tarde. La confianza que les demostraba el rey había dado lugar a que fuera el propio Alfonso quien había enseñado las artes del juego al de Saldaña. Se contaba que el rey era un gran jugador, hasta el punto de que, años antes de la toma de Toledo, para evitar una batalla sangrienta, se había jugado la toma de Sevilla en una partida con el entonces visir de la taifa, el también poeta Muhammad ibn Ammar, que le venció e impidió así la pérdida de su ciudad. Pero eso no hizo disminuir la afición de Alfonso por este tipo de juego,

> *«El rey era un gran jugador, hasta el punto de que, para evitar una batalla sangrienta, se había jugado la toma de Sevilla a una partida con el visir de la taifa».*

que supo inculcar también en sus caballeros.

Era una manera de prepararse para la batalla. El juego representaba una jerarquía social militarizada, con el rey en la cúspide, los peones que representan al pueblo llano en la base y los oficiales y caballeros que actúan en funciones ofensivas y defensivas, bajo la dirección de la alferza o pieza principal. No se dejaba nada a la suerte, como podía ocurrir al tirar dados; todo era cuestión de inteligencia y reflexión sobre las mejores opciones para conseguir el objetivo.

Una mesita baja de taracea contenía incrustado el tablero. Jugaban con piezas musulmanas, con formas cilíndricas o rectangulares que permitían identificarse por su tamaño, marcas o relieves. Aurora había aprendido el juego con Zaida, la concubina de Alfonso, que había sido nuera del rey Al-Mutamid de Sevilla, a la que había conocido, ya en Toledo, tras haber sido rescatada por su marido en Almodóvar del Río. De Zaida también había aprendido a valorar la belleza sensorial y espiritual. De ahí que le gustase llenar las estancias con aromas, amenizar sus labores con el sonido del laúd o las palabras de los poetas y vestir a la morisca, hábito que también habían adquirido muchos caballeros y damas cristianos cuando no estaban en público.

El Conde ha leído la carta, ha leído el desafío, y ha dado un puñetazo sobre la mesa, tan fuerte que todas las piezas han caído. Y se levanta y pide su lanza y su buen caballo; y la Perla también se ha levantado toda temblorosa, pues ha comprendido que él acudía a un desafío.

—Señor Gutierre, don Gutierre de Saldaña, quedaos, os lo ruego, seguid jugando conmigo.

Pero don Gutierre no dudó.

—No jugaré más al ajedrez; ahora quiero jugar el juego de las lanzas junto a la fuente de Almami.

Sólo había una manera de lavar la ofensa y era con sangre. Un principio básico de los hidalgos era

«Cuando llegaron a la fuente, ambos contendientes ya estaban tensos e impacientes por acometerse. Ambos escogieron lanzas largas».

---

el de no dejarse dañar impunemente. Un código ancestral hacía de la mujer la guardiana de la honra de todo linaje. Y no se podía dejar sin castigo una ofensa de ese tipo. No podía concebirse una vida sin honra, así que tanto daba morir en combate singular que llevar una vida infamado.

Y los llantos de Aurora no pudieron detenerle, pues nada detiene a un caballero que acude a un desafío.

Ruy se ocupó de enjaezar a Breco, el caballo destrero castaño que había montado don Gutierre en casi todas sus batallas. Era un caballo fuerte y brioso, siempre obediente a las órdenes de su jinete, que nunca se había asustado al lanzarse contra el enemigo, por muchas lanzas y flechas que trataran de derribarlo. Caballero y escudero se dirigieron al escenario del desafío montando sendos corceles tordos.

Las armas y el escudo se cargaron en una mula y Breco marchó desmontado, cogido de la brida por el escudero, para llegar bien descansado.

Entonces, la Perla de Toledo cogió su manto, y montada sobre su mula, acudió a la fuente de Almami.

Aurora se hizo acompañar de Elvira Armíldez y de su esclava Subh, con las que compartía prácticamente todos sus paseos por calles y zocos toledanos. También iba con ella Bendit ha-Kohén, ayudante del médico de la corte Yosef ha-Nasí.

Cuando llegaron a la fuente, ambos contendientes ya estaban tensos e impacientes por acometerse. Ninguno de ellos se puso una cota de malla y ambos escogieron lanzas largas. Tuzani y su montura presentaban un aspecto más ligero; jinete y caballo cristianos eran un arma pesada. Gutierre llevaba un casco sobre la cabeza, sin cubrir el rostro, y colgó su estandarte de la lanza; sus armas también eran visibles en el escudo: dos lobos negros sobre fondo rojo, en actitud fiera, como símbolo de un guerrero valiente y agresivo. Breco iba cubierto con faldones de lana en los costados, pero su jinete decidió no ponerlos en el frente para favorecer la velocidad. Era un

arma imponente, pero Tuzani no supo apreciarlo y fio todo a su mayor ligereza de movimientos.

A ambos extremos de la explanada, cada escudero cumplió con su función. Fatín sujetó la brida de Berja, mientras Tuzani montaba y Ruy hizo lo mismo con Breco para don Gutierre. Ambos se apartaron para que los caballeros tomaran posición y, casi de inmediato, Tuzani lanzó su yegua al galope y don Gutierre espoleó a Breco.

El choque se produjo casi a mitad de la carrera; Tuzani hizo inclinar su montura hacia el costado derecho, mientras él blandía en alto la lanza hacia su izquierda, con el objetivo de bajarla en última instancia para alcanzar al caballero cristiano a la altura de la cadera. Don Gutierre se mantuvo firme y vertical en su montura, cubierto su costado izquierdo con un escudo rectangular. Tras un breve galope, dirigió su lanza en horizontal hacia la izquierda. En el mismo instante en que el escudo del cristiano desviaba la lanza de Tuzani, la suya se rompió al penetrar en el pecho desprotegido del moro, que cayó al suelo fatalmente herido de muerte.

Don Gutierre hizo girar a su caballo sólo para ver cómo Tuzani se incorporaba a duras penas y se acercaba a la fuente, donde se dejó caer.

La hierba está roja alrededor. Y roja también está el agua de la fuente, pero no es la sangre de un cristiano la que enrojece la hierba, la que enrojece el agua de la fuente. El negro Tuzani está tumbado sobre su espalda: la lanza de don Gutierre se ha quebrado en su pecho: toda su sangre se pierde poco a poco. Su yegua Berja lo mira llorando, pues ella no puede curar la herida de su amo.

Un poco más allá, doña Aurora se acercaba al herido, sola, pues un gesto de ha-Kohén le hizo comprender que no había salvación para el herido. Aún así, se mostró compasiva.

La Perla desciende de su mula:

—Caballero, tened valor: viviréis todavía para desposar una hermosa mora; mi mano sabe cómo curar las heridas que hace mi caballero.

—Oh, Perla tan blanca, oh Perla, tan hermosa, arranca de mi pecho este pedazo de lanza que lo desgarra; el frío del acero me invade y me hiela.

Ella se ha acercado sin desconfianza; pero él ha recuperado sus fuerzas y marca ese hermoso rostro con el filo de su cimitarra.

Fue sólo un rasguño. De inmediato, don Gutierre hundió su es-

«Oh, Perla tan blanca, oh, Perla tan hermosa, arranca de mi pecho ese pedazo de lanza que lo desgarra. Ella se ha acercado sin deconfianza; pero él ha recuperado sus fuerzas y marca ese hermoso rostro con el filo de su cimitarra».

pada en el cuerpo de Tuzani y lo remató. Luego, abrazó a la dama y caminaron hacia sus monturas; el médico restañó inmediatamente la herida y aplicó un ungüento que ayudaría a disimular el daño. Volvieron a la ciudad y accedieron por la puerta del puente. Apenas se cruzaron con gente. Empezaba a atardecer y el suceso todavía no había trascendido.

Cuando llegaron a la casa, Ahmed ayudó a su señor a despojarse de la ropa, que la violencia del choque había salpicado de sangre. La Perla y Subh pasaron a otra estancia, mientras Elvira daba órdenes al personal de la casa. Aurora no había perdido la calma en ningún momento. Sentía la necesidad de interpretar alguna tonalidad triste con su laúd. Era consciente de que lo

que había pasado era inevitable. Se sentía feliz, a la vez, porque su amado había sobrevivido al lance. Y también se revelaba interiormente ante la posibilidad de que alguien pretendiese ser su dueño sólo por haber vencido en un duelo singular.

Junto a la fuente, ambos escuderos permanecieron en silencio, sin intercambiar palabra alguna. Ruy ayudó a Fatín a colocar a su señor atravesado sobre una de las mulas y, acto seguido, montó en su corcel y volvió a Toledo.

Ya solo, Fatín recogió las armas y las colocó ordenadas sobre la otra mula. Montó sobre Berja y cabalgó deshaciendo el camino por el que habían venido apenas dos días antes. Volvió a detenerse en el promontorio desde el que habían contemplado

Toledo y miró por última vez. El sol se elevaba hacia el medio día y el cielo azul teñía las aguas del Tajo.

Un poco más allá, aprovechando una zona de terreno blando en medio de un roquedal, se detuvo para cavar una fosa, que había de ser la última morada de su señor; tan cerca y, a la vez, tan lejos, de la ciudad en la que no pudo entrar, y de la dama que no pudo ganar. Tras cubrir de tierra el cuerpo, murmuró brevemente

—Que la paz sea contigo y si Dios quiere, nos uniremos a ti.

Y acto seguido tomó el camino de Córdoba.

Así terminó un delirio. Herido por un rayo de sentimientos que confundió con amor, Tuzani no fue capaz de comprender dónde radica la auténtica belleza. Creyó que hiriendo a La Perla en lo visible podría arrebatársela. Pero la belleza de La Perla estaba en su alma bondadosa. La que le llevó a consolar y ofrecer cuidados al herido, a pesar de ser su enemigo. Y esa belleza nadie podía quitársela; el arañazo del rostro desaparecería; La Perla seguiría siendo hermosa.

Manuel Romero Carrión, el gran olvidado

PACO MAESO

Manuel Romero Carrión lo fue todo. Su omnipresencia en el terreno artístico y sus responsabilidades como Concejal de Cultura en el Ayuntamiento de Toledo facilitaron que su huella haya sido profunda. ¡Y vaya si la dejó!

Alumbró con sus iniciativas y su forma de entender la vida a toda una generación huérfana de referentes cercanos en una población mojigata y deseosa de libertad, al menos en ciertos ambientes de la época.

Aunque nació en Murcia, allá por el año 1936, a los seis años ya jugaba por las calles y plazas empedradas que lo acogieron y disfrutando de las aguas limpias de un río que hoy soñamos algún día conozcan nuestros nietos.

Cursó bachillerato superior en el colegio Maristas Santa María donde germinó su vocación artística.

Posteriormente impartió clases en este centro, en el castillo de San Servando y el Instituto de Enseñanzas Medias.

Resaltar que para esta comunidad religiosa-educativa realizará una de sus piezas más importantes y menos conocidas, el *Homenaje a los mártires H.H. Maristas*, fusilados cruelmente en las inmediaciones de la puerta del Cambrón, concretamente, como me apunta el hermano Laudelino Pérez, en paseo de Recaredo. Actualmente, los restos de la mayoría de ellos descansan en la parroquia Santa Teresa de Jesús.

En esta obra, Romero rinde también homenaje a su admirado Greco, inundando la tela en la parte superior de los inconfundibles colores del genio cretense.

Siguió su camino como profesor en la Escuela de Artes y Oficios Artísticos en 1961, convirtiéndose en profesor en 1964 de ésta y director desde 1966 hasta 1977, año en que fallece en accidente de tráfico, con tan solo 41 primaveras.

El Hermano Laudelino posa junto a Paco Maeso ante el cuadro *Homenaje a los mártires Hermanos Maristas* de Romero Carrión

Me vienen a la memoria las visitas de niño acompañando a mi padre a su castillo de Mazarambroz. Lo pasaban en grande, fruto de una auténtica amistad y admiración mutua.

También el día en que mi padre y unos amigos lo visitaron en la UCI. No podía hablar pero Manolo cogió lápiz y papel y dibujó un barco a la deriva.

Mis padres lo querían mucho y mi madre siempre ha lamentado que, a pesar de la gran cercanía con él, nunca ha tenido un retrato suyo.

Pero el destino caprichoso e implacable hizo que partiera joven al encuentro de la Inmaculada que nació de sus pinceles. En *Exaltación a la Inmaculada*, que corona el altar mayor del monasterio de San Juan de los Reyes, él mismo se inmortalizó, como antes hicieron otros grandes. Aparece mirando fijamentente de frente, sujetando con orgullo el pendón que portaba en la procesión de Corpus Christi, entre los chismorreos del gentío a su paso.

En fin, Romero Carrión vivió como le dejaron vivir.

Su buen amigo Tomás García del Cerro, persona culta y de gran sensibilidad, habla maravillas del que sentía como gran amigo. Para él ha sido el único artista total que ha conocido en su dilatada vida. «Tenía alma de artista», dice, recordando con la mirada encendida aquellos años de juventud en que disfrutaban de unas anguilas con tomate cocinadas por su madre.

Y prosigue relatándome anécdotas mientras me muestra fotos en blanco y negro que Romero realizaba: junto a su Vespa o subido a las rocas del río.

Me habla del día en que aguardaba la vuelta de Manolo de Madrid en el desaparecido mesón del Toledano y cómo le contó que había conocido a un chico jovencí-

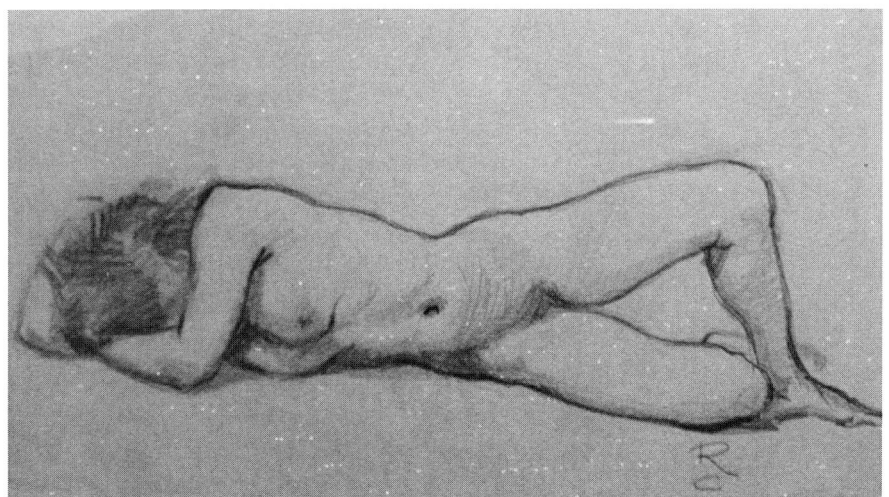

simo que cantaba y del que estaba convencido que llegaría a ser una gran figura. Resultó ser Raphael, que ahí sigue todavía llenando salas y estados de un público heterogéneo.

—En aquellos días —continúa Tomás—, la pasión y el enamoramiento que sentíamos por el río hizo que nuestras vidas no fuesen mediocres. Fuimos niños forjados como espadas bajo el troquel de las aguas de nuestro querido Tajo.

Por un momento me los imagino bañándose desnudos como la obra del genial Paul Cezánne *Los bañistas*.

Romero Carrión escribió:
"No le juzguéis,
que no sabéis su nombre, /
tuvisteis ocasión de conocerle
y no le visteis

cuando puso el alma
en vuestras manos.
Pintor oficial de la ciudad, fue envidiado y protegido.

Culto, bohemio, trabajador, *bon vivant*, el más moderno entre los modernos, refinado y PINTOR.

Cultivó el retrato con magisterio, siendo el autor de la semblanza del Cardenal Pla y Deniel, situado en la Sala Capitular de la Catedral Primada, y de la representación del Cardenal Lorenzana que preside el paraninfo de la antigua Universidad de Toledo (edificio Lorenzana).

También podemos encontrar obra suya en la parroquia de Santa Leocadia.

El mismo año que ingresa como académico en la RABACHT, 1968, crea e impulsa la primera Bienal del Tajo, que tanto supuso para

Autorretrato

fonso X el Sabio que ganó el prestigioso escultor Francisco Toledo.

En 2017 se le rindió un tímido homenaje en el Centro Cultural San Clemente, y está prevista realizar otra para el quincuagésimo aniversario de su fallecimiento (2027).

Por cierto, de esa exposición siempre quedará en mi memoria un cuadro sobre un caballete que representaba un estupendo retrato de juventud de mi añorada Marina Riaño.

La dimensión de la obra de Romero Carrión es difícil que vuelva a repetirse a medio plazo en una ciudad que, en demasiadas ocasiones, enaltece a artistas mediocres y condena a la oscuridad del almacén de un museo a irrepetibles maestros. Increíble pero cierto.

muchos artistas y para nuestra ciudad.

Esta exposición artística se convocó durante tres décadas hasta su desaparición definitiva en el año 2000.

Asimismo, promovió el concurso nacional de maquetas para la adjudicación del monumento a Al-

Les invito a que se interesen y disfruten de la calidad y trascendencia de un artista con alma que permanecerá para siempre ligado a la ciudad que amó profundamente. Manuel Romero Carrión, el gran olvidado.

● ● ●

Dos verracos más en la tapia exterior de San Pedro de la Mata

ALEJANDRO VEGA MERINO

En los muros exteriores del patio de la iglesia de San Pedro de la Mata, asentada sobre uno de los lanchares de granito que afloran en la zona, hemos encontrado los restos de dos verracos más, para un total de siete contando al toro.

Estos nuevos dos se encuentran empotrados en el muro exterior de lo que pudo ser el tapial que cerraba el cenobio. Recordemos que los restos de este templo y los otros no muy lejanos de Santa María de Melque y la iglesia del conjunto de los Hitos, constituyen uno de los enclaves arqueológicos más importantes del centro de la península Ibérica.

Por esta zona cercana de los Montes de Toledo transcurrió desde tiempos inmemoriales una ruta de suidos. El camino que recorrerían los animales buscando

pastos se denomina actualmente Peña el Rayo y vereda del Fraile, hasta el Castañar, descansaderos de estos animales en verano.

Posiblemente, antes de llegar el invierno ascenderían el puerto de Marjaliza por el camino del arroyo de la Solanilla buscando el agua de la Fuente Santa, para internarse luego por el oeste hacia los llanos de Cabañeros.

Ante tantas muestras halladas, los ibero-carpetanos debieron de usar este lugar de San Pedro como cazadero y después como zona de domesticación, aunque no se ha encontrado por el momento ningún poblado alrededor.

La mayoría de los bloques pétreos que forman la iglesia están tallados en granito gris (vid. Álvarez Areces, Utrero Agudo y Baltuille Martín; *La cantera de granito de San Pedro de la Mata (Toledo): planificación, explotación y construcción*). El análisis petrográfico realizado por estos autores concluye que los materiales de construcción proceden de canteras cercanas, por lo que el material en que están tallados también los suidos también.

Procedamos ahora a la descripción del hallazgo. A unos metros del esquinazo sureste del muro se aprecia la figura del sexto suido, muy deteriorado y rebajado para no sobresalir del muro. Se aprecia su largo cuello y parte de la cabeza, el torso redondeado hacia el espinazo y vientre, sin patas y cercenado su trasero.

A unos metros aparece la séptima talla, con el lomo, cabeza y trasero trabajados linealmente, si bien aún nota el rabo o el sexo. También sin sobresalir se observa algo el comienzo de las patas delanteras y parte de las raseras.

En fin, siete tallas de verracos reutilizadas entre los muros de San Pedro, una cifra comparable en número a los hallados en pueblos de Ávila.

Quizás el mismo sentido de dar gracias al alimento que estos animales proporcionaban a los carpetanos, verdaderos iconos apotropaicos.

Fidel Fuidio Rodríguez, en la primera edición de su obra *Carpetania romana* (1934), cuenta que los núcleos más numerosos de verracos parecen situados en la cuenca del Tajo, desde Toledo a Talavera, en la zona carpetana, y que desde aquí pasarían hacia el noroeste, hacia las zonas vetona y arévaca.

Sea como fuere, este conjunto de suidos nos hace percibir la cotidianidad de nuestros ancestros, haciendo de su caza y matanza un ritual. Una gran suerte poder observar este legado en nuestro tiempo.

Ficha técnica:
Título: Los ojos del silencio.
Autor: Macarena Alonso.
P.V.P.: 25 euros

Adela es una joven ciega que acaba de sufrir una terrible agresión en el cajero automático de un banco. Junto a la cama del hospital, Gerardo, padre adoptivo de Adela, procura acompañarla en su inconsciencia rememorando el relato de sus antepasados, una crónica vital por Cantabria y Toledo desde los duros años de la posguerra hasta el presente. Al mismo tiempo, ella irá descubriendo su turbio pasado ingresada en un orfanato tras perder la vista.

En esta novela, la autora nos presenta el desconocido mundo de la ceguera, pero también pone el foco en una dura realidad: adolescentes con problemas de conducta internados en un centro de menores, donde Adela ejerce su profesión de psicóloga. Entre violencia, abuso de drogas, familias desestructuradas, ausencia de afectos, delincuencia y corrupción transcurren las vidas de estos desheredados de la tierra.

En la clave de la investigación surgirán diversos elementos: un detective, un mendigo envuelto en llamas que huye hasta de sí mismo, un eslabón perdido, un botín inesperado entre la basura que será la llave de la indagación y una pregunta lanzada al aire: "¿A quién proteges?".

Esta novela, inspirada en hechos reales, se convierte en un cruce inevitable de caminos que llevará a un desenlace insospechado, donde de repente, todo se detiene, también los sueños.

BOLETÍN DE SUSCRIPCIÓN

Si está interesado en suscribirse a la revista **Cuatro calles**, por favor, rellene este formulario y háganoslo llegar por correo electrónico a ***info@editorial-ledoria.com*** o por correo postal a ***Editorial Ledoria, calle Fuente del Moro, 6, 45006, Toledo***

Nombre y apellidos / Entidad _____

Dirección _____

Código Postal _____

Localidad _____

Provincia _____

Correo electrónico _____

Teléfono _____

Deseo suscribirme a la revista **Cuatro calles** por un período de (marque con una **X** la opción elegida):

Suscripción 4 números por un total de 22 euros ☐

Números atrasados, 5 euros (indique cuáles) ☐ ☐ ☐

* Los gastos de envío están incluidos

El pago se realizará mediante ingreso o transferencia a la cuenta que le transmitiremos al recibir su solicitud o por Bizum.

En ningún caso se destinarán estos datos a otros fines que no sean los de recibir las publicaciones reseñadas, ni se entregarán a terceros, de acuerdo con los principios de protección de datos de la Ley Orgánica 15/1999 de 13 diciembre, de regulación del tratamiento automatizado de los datos de carácter personal.

Publicación del próximo número: A partir del 1 de marzo de 2025